说话的艺术

轻松应对生活中的社交难题

刘楠　主编

中国法制出版社
CHINA LEGAL PUBLISHING HOUSE

序言
PREFACE

什么是口才？口才就是说话的才能，是一个人综合素质中的一个重要方面。不管是什么人，只要想生存和发展，就必定要走进社会，要面对形形色色的人。而想要与别人沟通，就需要说话，这时口才就会发挥出巨大的作用。

在现实生活中，我们经常会看到口才好的人，能说会道，说话耐听、让人爱听，办起事来也是无往而不利。而口才不好的人，则总会吃亏，不是失去了朋友，就是耽误了生意，口才的重要性由此可见一斑。

不过，良好的口才并不是天生的，而是在实际生活中锻炼出来的。想要拥有良好的口才，就需要进行大量的学习与实践。首先，只有重视学习，善于学习，才会有广博的知识，这是良好口才的坚实基础。其次，有知识不等于有良好的口才。因为好的口才是从实践中锻炼出来的。因此，必须注重在实践中练习，不断地总结、改进，有意识地运用口才的策略与技巧，才能不断提高自己说话的水平。

那么，锻炼口才应该从哪些方面入手呢？在不同的交际环境下，又该采用何种语言去应对呢？如何用好的口才说服别人？如何用好的语言表达自己的意愿？如何用口才为自己的事业铺平道路，为自己的爱情生活增加甜蜜？这些问题，您都可以在这本书中找到答案。

本书从交际口才、情感口才、说服口才、演讲口才、辩论口才、谈判口才、求职口才、公关口才、推销口才九个方面入手，几乎涵盖了日常生活中方方面面的说话艺术。书中通过大量经典的贴近生活的案例，将理论与案例相结合，让您在轻松快乐的阅读中掌握说话的艺术。

本书具有较强的实用性和针对性，能成为您提高说话水平和说话能力的重要工具。相信您通过阅读本书，定能在短时间内成为一名说话高手，从而结交更多的知心好友，在职场中更加游刃有余，在各种场合尽显无穷的个人魅力。

目录
CONTENTS

交际篇 创造语言“强磁场”

交际口才如何，是关系社交成败的一个重要因素。一个人的谈吐具有越强的感染力和征服力，他就越能在各种社交场合中表现得潇洒自如，左右逢源，达到话出人服、言到事成的效果。

巧妙地说“不” / 002
“俗语”不“俗” / 007
善用语言“魔方” / 012
“裹着糖衣”的批评 / 016
良言一句三冬暖 / 020
怎一个幽默了得 / 023
调侃自嘲化尴尬 / 026
不要随便说“随便” / 029
让道歉成为高明的补漏剂 / 032
夸奖适度方入心 / 035

说话留点余地 / 039
让声音表情达意 / 042
让自己的话具有吸引力 / 046
借别人的口来问 / 049
会说更要会听 / 052
使用恰当的表达方式 / 056
口才练兵勤奋始 / 060

情感篇 甜言蜜语，煲一份爱的养生汤

甜言蜜语绝非多此一举，而是恋人们增进感情的一个良好途径。无论是一见钟情的少男少女，还是同舟共济的老夫老妻，绵绵情话总是说了又说，讲了又讲，总能唤起百样情思，千种蜜意，万般柔情。

用赞美做爱情黏合剂 / 066
巧言撒娇爱升温 / 069
勇敢开口表白 / 073
争吵有度，和好有方 / 077
斗嘴是增进感情的语言游戏 / 083
别让唠叨消磨爱情 / 086
委婉化解家庭矛盾 / 089
幽默二重奏 / 092
“废话”不废 / 094

说服篇　三寸之舌强于百万之师

如何说服他人是我们在日常生活中经常遇到的问题，掌握说服他人的语言艺术，也就成为我们每个人的必修课。只要方法得当，并勤加训练，每个人都能掌握这门艺术。

说服他人巧开口 / 098

将心比心 / 101

“激将”说服法 / 105

找一顶高帽给他戴 / 108

有针对性的说服术 / 110

巧设圈套，请君入瓮 / 113

“顺毛摸驴”最省劲 / 117

演讲篇　当一回出色的演说家

演讲需要演讲者把思想、感情、语言、声音、表情、姿态等一系列因素融为一体，这就是演讲的艺术。只有掌握好这门艺术，才能有效地与听众进行交流，才能引起听众思想和感情上的共鸣，形成一种大家都置身局内的氛围。

开头抓住听众的耳朵 / 122

文采飞扬显魅力 / 125

名言润色，警句生辉 / 129

三分钟演讲最精彩 / 133

引发情感共鸣 / 137

弥补口误有妙招 / 140
让结尾余音绕梁 / 143
为即席发言做好准备 / 147

辩论篇 雄辩驳论的角逐

辩论，是持不同见解的双方为维护自己的见解所进行的论证与反驳的说理过程。在激烈的辩论过程中，谁都想出奇制胜，适时使出撒手锏，把对方置于“死地”。

先发制人 / 152
以迂为直 / 155
顺水推舟 / 159
双关语暗藏杀机 / 162
巧用“二难推理” / 164
偷换概念，移花接木 / 168
巧用类比，直指要害 / 171
以其人之道还治其人之身 / 175
反客为主，变被动为主动 / 178

谈判篇 谈判桌上的“语言大餐”

谈判，既要“谈”又要“判”。所谓“谈”，就是运用口才借以表达思想观点；所谓“判”，就是判断，即对各种信息进行分析、综合，最后做出判断。整个谈判的过程就是运用口才的过程。

声东击西 / 182
上演双簧 / 187
不伤和气，直述利害 / 191
耐心才能赢 / 194
以退为进法 / 197
引蛇出洞，诱敌上钩 / 200
诙谐幽默：谈判气氛的调节器 / 202

求职篇 **妙语出“佳作”**

一般来说，求职者进入人才市场，面临的既是机遇又是挑战。在那里，你将面临求职、面试等问题，需要蓄积与展现你的能力，而最终的结果如何，在很大程度上取决于你的口才。

“礼”不可少 / 206
言语得体显魅力 / 210
注意说话分寸 / 213
金蝉脱壳计 / 218
小心绕礁石：保护隐私的技巧 / 221
言多必失，少说为佳 / 225

公关篇 **公关者，“攻关”也**

说得好，不如说得巧。巧嘴巴在公关活动中的出色表现，显示了口才的艺术和技巧。只要遵循口头语言的表达规律，在实际中灵活发挥和运用，便能在公关活动中做到“胸怀锦绣，口吐华章”。

慎用称谓，巧打招呼 / 230

一见如故遇知音 / 232

到什么山上唱什么歌 / 235

无往不胜的赞美 / 239

有条不紊主持会议 / 243

推销篇 “谈”平推销之路

在市场经济中，推销商品是企业走向市场的重要途径。推销的过程，实际上是推销人员运用各种推销技巧，说服顾客购买其商品或服务的过程。俗话说：“十分生意七分谈。”推销商品主要靠一个“谈”字。

开场寒暄巧入门 / 248

唤起顾客的兴趣 / 251

找准话题，拉近距离 / 255

投其所好，曲线推销 / 260

因人而异巧恭维 / 263

欲擒故纵 / 267

间接反驳，避免争论 / 272

交际篇

创造语言“强磁场”

交际口才如何，是关系社交成败的一个重要因素。一个人的谈吐具有越强的感染力和征服力，他就越能在各种社交场合中表现得潇洒自如，左右逢源，达到话出人服、言到事成的效果。

巧妙地说“不”

在日常生活中，一些人际关系的建立并非水到渠成，难免会发生一些拒绝与被拒绝的事情。而拒绝是一种难度极高的谈话方式，因为直接拒绝别人会被认为不尊重对方，而遭到拒绝的一方，更会因此而产生紧张和不愉快的情绪。在这种情况下，双方的情绪都会对交际的发展产生许多不良影响。搞不好，就会引起误会，甚至导致双方断交，种下仇恨的种子。

因而，需要运用相当高明的技巧才能将拒绝做得不露痕迹，既不得罪对方，又能得到对方的谅解，同时，将对方的失望和不快控制在最小的限度内。这就需要“婉拒”，即委婉地加以拒绝。它既能使你轻松愉快地说出“不”字，也能使对方高高兴兴地接受这一结果。

婉拒可以帮你打破人际关系的僵局，主要有以下几种方法。

把对方请求的根据，转为拒绝的理由

例如，对方提出：“这类工作你很有经验，这次你一定要帮

帮忙。”你可以回答：“我当然愿意帮忙。我的确曾经做过这类工作，但过去的经验反而会成为一种束缚，有必要的话，我可以向你推荐一个更合适的人选。”这样的拒绝既委婉，又有针对性，说服力强。

用拖延来表示拒绝

比如，当你不想去参加某人的宴会时，可以对他说：“谢谢，但我今晚有事实在无法赶过去了，下次有空我一定去。”这种说法既表达了你对对方邀请的感谢，也表示了你对不能赴宴的遗憾，并期待下次再有机会。但是，这个“下次”是没有期限的，聪明人一听就知道这是一种委婉的拒绝。这比直接说“没空，不去！”更婉转一些，更容易让对方接受。

让对方明白你理解他的感受

拒绝对方难免会给对方造成一定的伤害，有时还会引起对方的抵触心理。所以在婉拒时要充分表现出你的真诚和对对方的同情，让对方明白你对他的感受是感同身受，只是出于不可抗拒的原因无法帮助他。例如，一位机场售票员对订不到票的旅客说：“我知道您非常需要坐飞机，我十分愿意为您效劳，但票确实已经订完了，实在抱歉，欢迎您下次再来乘坐我们的飞机。”这样一番话，充分考虑了旅客的感受，表达了自己愿意提供帮助但无能为力的处境，同时也抚慰了对方。

转移话题，表示拒绝

一位胖姑娘穿了一件新做的连衣裙，自以为很美，高兴地问你："漂亮不漂亮？"她自然是想得到你的赞美。但你并不喜欢这件连衣裙，此时的你既不想违心地称赞她，又不能直说，伤她的心。怎么办呢？你可以说："世界上的女孩子都是爱美的，比如……"或者说："啊，今年夏天姑娘们都爱穿连衣裙。你看过 ××× 电视节目吗？那上面介绍的连衣裙款式可真多，既时尚又漂亮……"

这种"顾左右而言他"的办法就是转移话题法。当然，这个新的话题必须和原来的话题有一定联系，还必须能引起提问人的兴趣。否则，会引起对方的疑虑或反感。话题一转移，对方自然不好再问同样的问题。

答非所问，避实就虚

球王贝利在一次进球之后，被记者问到他的哪一个进球最值得他骄傲。贝利笑笑说：下一个。他的话音刚落，周围响起雷鸣般的掌声。这个回答确实十分巧妙，看似答非所问，却深刻地表达了贝利远大的梦想和追求。

预埋伏笔，适当的时候再拒绝

从人际关系的角度考虑，要尽可能把拒绝的理由讲充分；从接受者的心理考虑，要让他有足够的思想准备。为此，可以采取这个办法：先不拒绝，充分阐明不利因素，埋下伏笔，再在适当的时候，用适当的方法委婉地加以拒绝。这样一来，即使对方的要求没有得到满足，但他会感到至少你已经尽心尽力了，也不会恨你。

比如，某人托你给他找一份工作而你又难以办到。他问："前些日子拜托你的事，现在怎样了？"你答道："不好办啊。上次同你讲了，你的学历达不到要求，难度比较大。何况名额太少，僧多粥少啊。不过，我会尽力争取的，但你也不要太乐观。""学历达不到要求""名额太少"充分展示了不利条件，"不要太乐观"则埋下了伏笔。虽然你没有直接拒绝，但实际上已为后来的拒绝做了充分准备，以后再拒绝他也顺理成章了。

中国有句古语："君子绝交犹无恶言。"这话说得好。即便是拒绝对方，也要尽可能以最为友好的方式表示拒绝，不可有失风度。要对于求助者的难处和求援表示理解和同情，然后再坦诚说明帮不了忙的原因。如有可能，也可以给对方出一些主意或提供一些建议，还可以提供一些别的求助线索。这样就能使他明白你是心有余而力不足，即使你帮不了忙，求助者也会感激你，因为你已经尽了最大的努力。

罗斯福在当选美国总统前，曾在海军担任要职。一天，一位好朋友向他打听海军在加勒比海中的一个小岛上建设潜艇基地的计划。这个计划属于军事机密，为人严谨的罗斯福当然不可能随意泄露给无关的人，可是如果直接拒绝又会让朋友觉得尴尬。于是，他故作紧张地向四周看了看，压低声音问："你能保守秘密吗？"朋友答道："当然能。""那么，"罗斯福微笑着说，"我也能。"

罗斯福巧妙地拒绝了朋友不合理的要求，同时也顾全了对方的面子。他的回答已经暗示出："既然你能保守秘密，为什么不让我保守秘密，这公平吗？"而朋友领悟他的话后，也会更加理解和尊敬他。

“俗语”不“俗”

俗语包括谚语、时语、歇后语、惯用语和一些常用的成语。很多时候，俗语就是一些浅显易懂的大白话，但运用俗语并不低俗。俗语就像被埋没在泥土之中的金子，它的价值和光芒只有在洗去泥污之后才会显现。

有的俗语表现了人们世世代代积累的生活经验，有的蕴藏着发人深省的人生智慧，有的包含了令人终身受益的深刻哲理，如果在我们的讲话中适当地运用俗语，既可以增强说服力，又可以使语言风格更加活泼，有助于提升自己的亲和力。不论是简单的说教，还是阐述人生哲理，能生动形象地运用俗语的人，总是既能充分表达自己的意见，同时又能给别人留下平易近人的好印象。

不过，俗语虽好，却不能够随意运用，否则可能会适得其反，造成不少尴尬。

使用俗语时应弄清俗语的意思

很多俗语不能只从字面去理解它的意思，例如，“平时不烧香，急来抱佛脚”是指临时想办法，“含着骨头露着肉”是比喻说话半吞半吐，不把意思完全说出来。这样的例子还有很多，这些俗语内在蕴含的道理都和它们的字面意思相差较远，因此弄清俗语的意思，是正确使用俗语的前提。

运用俗语切忌感情不当

运用俗语可以增加语言的表达效果，但要适合整个句子的语境。特别是要注意俗语的感情色彩，应与整个句子或段落的感情色彩一致,以准确地表情达意,否则会造成误用,弄巧成拙。例如，“老李是我们科室工作能力最强的，他做起事来真是老牛拉破车，慢而有条理，让大家非常佩服”。这句话本意是褒扬老李的工作作风，结果由于错用了带有贬义的“老牛拉破车”，让赞赏变成了讥讽，使听者产生严重的误解。

运用俗语要讲究时机、场合、语言环境

口语化是俗语的一大特点，因此在做演讲、做报告等严肃认真的时刻，就不应多用诙谐有趣的俗语；在比较庄重的场合，除非有调节气氛的必要，也不应过多使用俗语，以免给别人留下轻浮、俗气、不够尊重人的印象。

总之，对于生活中五彩纷呈、丰富多彩的俗语，我们应当用心捕捉，巧妙选用，才能达到俗语不“俗”的效果。

常用俗语及释义：

八仙过海，各显神通：比喻各自有一套办法，或各自施展本领，互相竞赛。

百闻不如一见：听到一百次也不如见到一次，表示亲眼见到的远比听人家说的更为确切可靠。

兵来将挡，水来土掩：比喻不管对方使用什么计策、手段，都有办法对付。也比喻针对具体情况采取相应对策。

不入虎穴，焉得虎子：不进老虎洞，怎能捉到小老虎，比喻不历艰险，就不能获得成功。

秤砣虽小压千斤：秤砣看起来很小却能压住千斤之重。比喻外表虽不引人注目，实际作用却很大。

尺有所短，寸有所长：由于应用的地方不同，一尺也有显着短的时候，一寸也有显着长的时候。比喻人或事物各有各的长处和短处。

吃不了，兜着走：是说出了问题，要承担一切后果。

吃一堑，长一智：受一次挫折，长一分见识。

打开天窗说亮话：比喻毫无隐瞒地公开说出来。

当局者迷，旁观者清：比喻当事人往往因为对利害得失考虑太多，认识不客观，反而不及旁观的人看得清楚。

干打雷，不下雨：比喻只有声势，没有实际行动。

赶鸭子上架：比喻迫使（他人）做能力所不及的事情。

高不成，低不就：高而合意的，做不了或做不到；做得了、能得到的，又认为低而不合意，不肯做或不肯要（多用于选择工作或配偶）。

功夫不负有心人：是说只要用心去做某事，就会有进步或成绩。

换汤不换药：比喻只改变形式，不改变内容。

鸡蛋里挑骨头：比喻故意挑毛病。

脚踩两只船：比喻因为对事物认识不清或存心投机取巧而跟两方面都保持联系。

旧瓶装新酒：比喻用旧的形式表现新的内容。

拉大旗，作虎皮：比喻打着某种旗号以张声势，来吓唬人、蒙骗人。

浪子回头金不换：形容做了坏事的人改过自新后极为可贵。

没有规矩，不成方圆：原意是说如果没有规和矩，就无法制作出方形和圆形的物品，后来引申为行为举止要有标准和规则。

名不正言不顺：原指在名分上用词不当，言语就不能顺理成章。后多指说话要与自己的地位相称，否则道理上就讲不通。

死马当作活马医：比喻明知事情已经无可救药，仍然抱有希望，积极挽救。也泛指做最后的尝试。

识时务者为俊杰：能认清当前的重大事情或客观形势的才是杰出的人物。

眉毛胡子一把抓：比喻做事不分主次轻重缓急，一齐下手。

五十步笑百步：作战时后退了五十步的人讥笑后退了一百步

的人。比喻自己跟别人有同样的缺点或错误，只是程度上轻一些，却讥笑别人。

心有余而力不足：是说心里非常想做，但是力量不够。

真人不露相：比喻不在人前表现自己或暴露身份。

善用语言“魔方”

“良药苦口利于病，忠言逆耳利于行。”这句话是我们熟知的名言，却也让很多人一生吃尽苦头。他们无拘无束、鲁莽直率地畅所欲言，每当与他人有不同意见或看法时，总喜欢直言不讳。在他们看来，那些迂回曲折的表达方式和人际交往中常用的外交辞令，都是懦弱和虚伪的表现。因此他们不愿为一些话裹上一层糖衣。他们在人群中总是显得那么格格不入，尽管他们说的都是真话，也是出于一片好心，却总是会触及别人的痛处，伤害别人的感情。

其实，良药未必苦口，忠言未必逆耳。有些时候只要把话换个说法，就不会得罪和冒犯别人。

这就需要用好语言“魔方”。具体该怎么做呢？

先肯定对方的看法

与他人的看法或意见有分歧是正常的，但千万不要直截了当地否定对方，而应用辩证的方法先肯定对方的意见有合理之处，再提出自己的不同意见。你不妨这样说："刚才你提出的意见有一定的道理，也是一种方法，但我以为像我说的这样做也比较好。"接着再说说具体的理由。先肯定对方，再提出不同意见，这样才显得公正和客观，也容易让人接受。假如硬邦邦地直说，很容易造成紧张气氛，使对方难堪而不肯放弃自己的意见。

多用商量和询问的口吻

在与别人有不同意见时，千万不要用过于绝对或命令式的语气，正确的做法是用较温和的口吻来说，比如："你的意见是这样，我觉得是不是可以那样？说不定效果会更好呢？"遇事先商量，当对方仍坚持己见时，你再用坚定的语气也不迟。商量是尊重人的表现，当你表现出了足够的尊重时，对方即使并不同意，也会充分考虑你的意见，并给你以相应的尊重。

以退为进，使对方达到心理平衡

在表达不同意见时，不要总是直来直去，可以先表现出一点明显的为难情态，你犹豫不决或吞吞吐吐的样子，会让对方对你的异议有一定的心理准备。等到对方劝你说出来："讲吧，没关系的，有什么不同意见就直说吧。"这时你再将自己的看法告诉对方，如此以退为进，给对方的是一种宽慰，一种暂时处于优势的心态，使其达到心理上的平衡，就不会在意见相左时过分地抗拒。

帮助对方认识到可能产生的不良后果

有时直接否定对方的意见，是无法让对方信服的，因此要好好思考一番，尽可能多地找出对方意见的弊端所在，并让对方认识到这样做可能产生的不良后果。在分析对方意见的弊端时，要做到实事求是，有理有据，不能无中生有，更不能随意夸大，这样才不会遭到对方的抵触。

借助其他途径证明自己的观点

有时，自己直接说出不同意见比较为难，特别是当你面对的对象是老师、长辈或上级时，直接否定对方显然很不合适。此时，就可以借助对方也熟悉的同类型的或已经明确了的事例来委婉地表达自己的意见。同类型的，是指性质和类型与你们讨论的事例相同的。而对方也熟悉的这种事例，往往说服力更强。比如，你可这样说："我看见某某遇到这种事，就是这样处理的，结果倒不错，我们是不是可以借鉴。"如此借助其他途径来证明自己的观点，既能达到目的，又保留了对方的体面，还留有商榷的余地，这比直言不讳要聪明有效得多。

德皇威廉二世曾派人将一艘军舰的设计图交给一位造船界的权威人士，请他评估一下。他在所附的信件上告诉对方，这是他花了许多年、耗费不少精力才研究出来的成果。

几个星期之后，威廉二世接到了这位权威人士的报告。这份报告附有十分详细的分析推论。报告开篇对这份设计图极尽溢美之词，认为按照这份图纸造出的军舰将是“威武壮观、性能超强，全世界绝无仅有的海上雄狮。它的超快速度前所未有，而武器配备可以说是举世无敌。军舰上配有世上射程最远的大炮、最高的桅杆。至于舰内的各种设施，将使全舰的官兵如同住进一间豪华旅馆”。此时，威廉二世已经有些飘飘然了，不料却看到报告结尾的这样一句话：“这艘举世无双的超级军舰只有一个小缺点，那就是如果一下水，马上就会像只铅铸的鸭子般沉入水底。”威廉二世先是一怔，继而摇着头，哈哈大笑起来。

其实这位造船界的权威人士的意思就是这张设计图根本就是一张废纸。但他如果直言不讳地说“陛下，你的设计图一点也不实用，只有一个空架子”，肯定会让骄傲的威廉二世恼羞成怒，结果自然不妙。但他善用语言“魔方”，用近乎夸张的赞誉之词先满足了威廉二世的虚荣心，再小心地说出自己的不同意见，让威廉二世明白了自己的苦心，一笑了之。

“裹着糖衣”的批评

“批评”是对别人的言论、行为，指出缺点和错误、提出改正意见，它能使人们正视自己的缺点、错误，从而得到不断的进步。不过人们常说“良药苦口，忠言逆耳”，过于生硬直白的批评会让人无法接受，感到委屈甚至不满，结果批评的目的没有达到，反而会影响人际关系的和谐与融洽。

事实上，批评的负面效果是完全可以避免的，为此批评者要努力修饰自己的话语，对种种尖刻、直接的语言进行包装，为它们“裹上糖衣”，这样就更容易获得被批评者的理解和认同，让对抗消弭于无形。

由此可见，语言表达的艺术对表达批评具有十分重要的作用。为此，在批评别人时应当注意以下几点。

用于批评的话语绝不能生硬、尖刻

过于生硬、尖刻的言语会让批评变成指责，很容易让被批评的一方陷入恶劣的情绪中，从而影响理智和判断力。“我跟你说了多少次了？”“你为什么犯同样的错误？”“你真是无可救药！”这一类的话语给对方造成的伤害是无法估量的，绝不能无所顾忌地脱口而出。反之：“我相信你已经为这事后悔了。”“其实你这样做可能更好。”这样的批评更容易让人接受，有助于对方参考借鉴，从而改正自己的错误。

批评的话语都要力求简短

批评切勿长篇大论，没完没了，反复提及对方所犯的错误，否则会让人无法忍受,并产生抵触情绪。其实批评只要适度就好,点到为止，最好一两句话就能使对方明白，然后十分自然地转到别的话题。

给你的批评“裹上糖衣”

良药不一定非得苦口，批评别人时也可以先给对方戴高帽，尽可能创造一种和谐的气氛，让对方放松心情，然后再“进入正题”。“裹着糖衣”的批评虽然意在指出缺点，却能让人更乐意接受，这对协调彼此之间的关系也有莫大的帮助。

批评是为了解决问题

当你批评别人时，必须告诉他怎么做才是正确的，这才是有效的批评方法。不要只是“指手画脚”，一定要让对方明白，你不是想追究谁的责任，只是想解决问题。因此，要注意言之有理，以理服人，不求字字珠玑，句句锦绣，但要做到语言中肯，措辞恰当，使人心服口服。

除此以外，你还要始终牢记一点：批评是对事不对人的。谁都会做错事，做错了事，并不代表他这个人本身有问题。错的只是行为本身，而不是某个当事人。因此，批评时一定要对事不对人。这样可以缓和当事人的心理压力，如果把矛头直接指向当事人，很可能会在无意之中给对方造成难以弥补的伤害。所以，当你批评别人时，应时时刻刻反问自己："我是不是针对当事人了？""我是不是忽略失误本身了？""我是不是在进行人身攻击了？"……

总的来说，你的批评是否成功，很大程度上取决于你的态度。没有人喜欢被批评，不要相信人人都"闻过则喜"。如果你一味地指责别人或者简单地说明你的看法，你将会发现，除了别人的厌恶和不满外，你将一无所获。但你若能让对方感觉到你是来解决问题、纠正错误的，而不是仅仅来发泄你的不满的，批评就有可能产生理想的效果。

著名教育家陶行知某天在校园内看到一名男生用泥块追打同学，便制止了他，并要他放学后到校长室谈话。那位学生以为自己肯定会遭到一顿训斥，却不料陶行知一见面就先给了他一块糖，说道："这块糖是奖励你的，因你按时到，我却迟到了。"学生惊讶地接过糖。接着，陶行知又掏出一块糖放到他手里说："这第二块糖也是奖励你的，因为我不让你打人时，你立刻住手了，这说明你尊重我，所以应该奖励你。”学生更惊讶了，他睁大眼睛看着校长。陶行知又掏出第三块糖说：“我调查过了，你用泥块打人，是因为那几个男生欺负女同学，这说明你正直、善良，敢跟坏人做斗争，应该奖励你！”听到这里，学生感动极了，流着泪喊道：“校长，你打我两下吧，我错了，我砸的不是坏人，是我的同学啊。”这时，陶行知满意地笑了，他又掏出第四块糖递过去说：“为你能够正确认识自己的错误，我再奖励你一块糖。”

陶行知没有疾言厉色地斥责学生，而是用四块糖及温和而富有启发性的语言让学生一步步地认识到自己的错误，同时还发掘出了学生的四个优点：守时、尊重师长、正义和勇于承认错误。这样的批评教育方法达到了批评所要达到的目的，所产生的效果却远远大于单纯的严厉批评。

良言一句三冬暖

《增广贤文》上有这样一句话："良言一句三冬暖，恶语伤人六月寒。"这句话道出了语言在人际交往中的重要作用。粗俗生硬的语言让人心生反感，不文明的语言让人暴跳如雷，而文明温情的语言则会让人如沐春风，欣然接受。好的语言是通往心灵的路，能够打开紧闭的心扉，在心与心之间搭起一座沟通感情的桥梁。

大文豪鲁迅曾这样说过："语言有三美，意美在感心，音美在感观，形美在感目。""良言"带给我们的，就是一种心灵的美的享受，而它的功效却又不止于此。

良言能够让人体会到关爱与信任

真诚的信任是你能够送给别人最好的礼物。"我相信你的能力。"良言一句，充满了信任和理解。人对关爱和信任的需求是很容易满足的，对一个人的信任，有时能够变为一种无比强大的精神力量。一句肯定的话，有时可以让一个将要倒下去的人重获站起来的力量，让一个身在寒夜里的人感受到温暖，让一个灰心颓废的人再次看到希望。总之，良言能产生的巨大推动力是你无法想象的。

良言是化解矛盾的一帖良药

在别人说“对不起”的时候，洒脱地说一声“没关系”，良言一句，凸显出一个人的宽容和大度。法国著名作家雨果的一句名言：“世界上最广阔的是海洋，比海洋更广阔的是天空，比天空更广阔的是人的心灵。”一句宽容的话语在发生误会或纠纷时便是最有效的“灭火器”。宽容是一种风度,理解别人的过失，就给了别人一个醒悟的机会。尽管这句话好像是一种妥协，但如果你不说出这句话，也许会给别人造成严重伤害，更会让自己变成一个心胸狭隘、难以亲近的人，这是构建和谐的人际关系时应当坚决避免的。

良言给人动力，催人奋进

真诚的赞赏是奋进的引擎。“你真棒！”良言一句，给人以力量和勇气。真诚、慷慨的赞美，会让人感动莫名，终生不忘。因此，你若能及时捕捉他人身上的闪光点，并在适当的场合对对方进行恰如其分的赞美，便能使他们产生积极的情绪体验和成就感。当然，这里的赞美要是发自内心的，要让对方认为这是一种真诚的赏识。只有真诚的赏识才能激发他们内在的动力，让他们的内心深处迸发出积极的情感火花，点亮他们心中的希望之光，引领他们积极向上，开拓进取。

良言的心灵出发点是真诚

真诚是跨越鸿沟的桥梁。“感谢你的帮助。”良言一句，给人无限温暖。而这些真诚的话语之所以容易被听者接受，就是因为它们使听者受到了尊重，感觉到自己存在的价值。亲人照顾自己，朋友替自己跑腿，人们往往将这些看作理所当然的事，认为不必致谢，这种认识其实是不正确的。向亲人朋友表达谢意，这不仅是一种礼貌，更会增进亲情和友谊。

“你说得也有道理。”“不要紧，没什么。”“谢谢你！”“你真棒！”这些人人都觉得很平常的话，在日常工作生活中却往往最容易被忽略。你需要做的，就是把这些简单而美好的话语倾吐出来，把你对他人的尊重、理解、鼓励、关怀和感谢表达出来，也许你的一句话，就让别人不用带着破碎的心和受伤的灵魂入睡；也许你的一句话，就可以让别人满怀信心，兴高采烈地投入工作和生活中去；也许你的一句话，就可以让你赢得所有人的认可和喜爱，让你成为别人眼中最受欢迎的人。

怎一个幽默了得

幽默是人际交往中不可缺少的一门艺术，善用幽默的人，往往睿智、热情，具有吸引力。

一个人的生活不能过分严肃，精神若时时保持紧绷状态，生活就会缺少情趣，所以应该偶尔适当地放松一下。而幽默正是这样一味精神调剂品，它能够减轻人们精神和心理上的压力，淡化人们的消极情绪，创造和谐友好的人际关系，丰富人们的心灵。因此，列宁这样说道："幽默是一种优美的、健康的品质。"

适当的幽默不仅适用于减轻压力，也适用于缓解人际交往中的矛盾和不协调。在很多情况下，缺少幽默感的人总会把事情弄得越来越僵，而深谙幽默真谛的人却能使一切变得轻松自然。总之，幽默对于交往有着非常重要的作用。但是幽默也不应当随便乱用，而应注意分寸和场合等。

幽默要注意“度”

做任何事情都有一个“度”的问题，幽默也是如此。幽默的使用应该恰到好处、适可而止，一味地说俏皮话，无限制地使用幽默，其结果反而会让他人心生反感。因此，要时刻牢记不能为了幽默而幽默，强求幽默效果，反会弄巧成拙。

要分清对象和场合

场合、对象都是施展幽默艺术时必须考虑的客观因素。例如，同一个玩笑，你可以同甲开，却不能对乙也这样；或者在某个场合可以说，而在其他场合却不行。尤其是对于初识的人或长辈，幽默一定要慎用，否则运用不当，不但无法达到增进沟通、促进交往的效果，还会引起他人的反感。

要注意幽默的时机

幽默不是每时每刻都适用的，如果不恰如其分，不恰当其时，就不应当随意使用。例如，大家聚精会神地研究问题时，你忽然插进一句全无关系的玩笑话，那么不但不会让人感到好笑，也许还会遭到白眼。

把幽默与讥讽、嘲笑区别开来

幽默的内容首先应当是健康的，幽默的态度更应当是真诚的，它并非戏谑讥笑，更不是攻击性的语言、恶毒的讥讽。比如，拿人家容貌上的缺陷不停地打趣，就不属于幽默的范畴，只会令人对你心生厌恶，损毁你的个人形象。只有领会幽默的内在含义，机智而又敏捷地指出别人的缺点或优点，带着善意在微笑中加以肯定或否定，才算是真正的幽默。

当然，在幽默的同时，还应注意，不同问题要不同对待，幽默的运用要机动灵活，做到幽默而不俗套，让幽默充当精神的“按摩师”。这样一来，生活将更富有乐趣。

调侃自嘲化尴尬

自嘲，顾名思义，就是自我嘲解，调侃自己。它既是一种幽默的说话方式，也是一种心理调节手段，还是一种人生智慧。

敢于自嘲的人往往都是自信的，因为他知道自嘲既不会影响自己的心态，也不会破坏自己在别人心中的形象，反而有助于创造轻松愉快的气氛，提升个人的亲和力和魅力。自嘲在口才兵法中可谓一件相当有效的武器。

自嘲的好处主要体现在以下几个方面。

自嘲能够增加亲和力，拉近人与人之间的距离

适时适度的自嘲不失为一种良好的交际手段。例如，在即兴演讲中，演讲者如果总是一本正经地高谈阔论，是很难引起听众的共鸣的，此时如果能够适时适度地自我解嘲，调侃一下自己，就能拉近演讲者与听众之间的关系，增加演讲的趣味性。不过，自嘲的使用要注意场合，在严肃的场合或悲痛的氛围中就不宜用这种引人发笑的手段。

自嘲能够使自己摆脱窘境，化解尴尬

人际交往中，难免会出现很多尴尬的场面，这时可以用自嘲来应对窘境，不仅能够很容易地给自己找到台阶下，还能巧妙地缓和气氛，从而使自己从窘迫的境地中体面地脱身。

美国前总统里根到加拿大进行国事访问，在一座城市发表公开演讲。演讲刚刚开始，里根的讲话就不断被一群正在进行反美示威的群众所打断。加拿大前总理皮埃尔·特鲁多对这种尴尬的情况感到很为难，里根却笑着对他说："这种事情在美国时有发生，我想这些人一定是特意从美国来到贵国的。可能他们想使我有一种宾至如归的感觉吧。"特鲁多听完此话，脸上顿时露出了笑容，里根也因此摆脱了尴尬的处境。场下的听众被里根的风度所折服，不再故意捣乱，演讲得以顺利进行。

在尴尬的处境中，里根使用自嘲的方式创造出一种幽默的氛围，不仅有效地使自己摆脱了尴尬处境，同时也给对方一种轻松的体验，并获得了对方的好感，从而使气氛变得更加和谐，更有利于达到交流的目的。

自嘲能够化解对立情绪

当你的失误引起别人的不满时，如果能适时地自嘲一番，获

得原谅应该不难。例如，当你无意说出了一句伤害他人的话时，就可以机智地将话题引向自己。通过对自己的调侃来消除对方的敌意，转移对方关注的焦点。这样做既照顾到对方的自尊心，也能巧妙地化解对立情绪。

自嘲能够化解自身缺陷带来的难堪

有时，使你陷入难堪的可能是一些自身的缺陷或不足，如外貌的缺陷或其他不足等，这时不妨对这些不足之处大胆巧妙地加以自嘲，不但能表现出自己大度、坦诚的品格，还会因此得到他人的信赖和尊重。

自嘲能够成为一种反击不公正待遇的武器

当一个人遇到不公正的待遇或受到不合理的评价时，勃然大怒往往于事无补，而且也有失风度。此时，自嘲不失为一种好办法，既保住了自己的尊严，又可起到训诫作用，从而在精神上战胜对方。

不过，自嘲并非时时、处处适用，如果用得不恰当，就会给人留下虚伪的印象。此外，自嘲也不等于自我辱骂，让自己出丑，因此要注意把握分寸，切勿过度自嘲。

不要随便说“随便”

“随便”出自“客随主便”一词，是很常用的客套话。在很多人看来，当别人询问自己有何要求时，说“随便”是有礼貌、有涵养的表现，不会给对方造成不必要的麻烦。于是，“随便”渐渐成了人们的口头禅。在大多数情况下,我们随口说“随便”的本意，是想让对方随意些,无论怎样都行。殊不知,这样却最让对方为难，而且如果总是不表露自己的意愿,一切由别人来拿主意,久而久之，我们就会慢慢丧失自己的个性，成为没有主见的人。

经常说“随便”的人可能并没有意识到这样做给自己和他人带来的困扰。事实上，“随便”两字是不可乱说的，否则会造成很多不良影响。

“随便”不利于人际关系的搭建

很多时候，我们想用“随便”来表示客气和尊重，结果却在无形中加重了对方的心理负担。对方可能会不断猜测我们到底怎么想，到底需要些什么，这样对于交流来说毫无益处，反而会拉大彼此之间的距离。因此，不如坦然说出自己的意愿，这会让人际关系在互动中愉快发展。

“随便”不利于问题的解决

日常遇到问题难免出现分歧，有时我们明明无法认同别人的意见，却碍于面子不肯反驳，而是用一句“随便吧”敷衍了事。这样常常会扩大负面情绪，让对方产生误解。特别是气氛不太融洽时，你再说“随便”，那就表示不同意对方的做法，对对方的做法“无所谓”，这样会让对方更加不满，而且总说“随便”也会给人留下不负责任的印象。因此，与其说“随便”，不如换一种方式表达自己的意见，同时也给事情留下回旋的余地。

“随便”会让你变成没有主见的人

当别人问你需要什么或选择什么时，要尽量给出明确的回答，如果你总是说“随便，您决定吧”，就会给人留下没有主见的印象。特别是在工作场合，不敢直言自己意愿的人常会给整个团队带来麻烦，导致时间浪费，效率降低。因此，要让自己变得自信一些，勇敢一些，用“我认为这样更好”来取代怯懦的“随便”。

“随便”可能会伤害他人的感情

面对亲人、爱人、朋友，我们可能会不拘小节，不会去刻意照顾对方的感受，“随便”也就越来越多地脱口而出。但即使是非常亲密的关系，也会在一次次“随便”的敷衍和应付中慢慢淡薄。“随便”让我们在无心之中伤害他人的感情，让那些关爱着我们的人渐渐心灰意懒。因此，要少说一句“随便”，多说一声“谢谢”，要真诚地告诉对方“谢谢你为我做的一切”，只有这样，我们的爱情、友情、亲情才会持久保鲜。

总之，在生活中，要注意别让“随便”二字轻易脱口而出，否则就会给自己带来很多不便。

让道歉成为高明的补漏剂

每个人在生活中都难免会犯错误或出现失误，给他人带来不便甚至痛苦。在这种情况下，很多人不喜欢道歉，认为道歉有失体面，会有损自己的尊严和地位，而且道歉意味着必须承担后果，于是多数人倾向于狡辩、推诿，就是不肯主动道歉。其实，只要在第一时间表示真诚的歉意，通常可以避免伤害继续扩大，甚至可能将危机化为转机。而且道歉也能反映出一个人改正错误的决心。当我们为自己的失误寻找各种理由来辩解时，我们就失去了改正错误的机会，更失去了让对方谅解自己的时机。反之，如果能够放下面子，坦然承认自己的错误，并以数倍的诚恳和努力来改正这些错误，那么对方不仅不会看不起你，反而会给予你应有的尊重。

道歉不但可以弥补破裂的关系，而且还可以化解矛盾，增进人与人之间的感情，因此道歉可谓一种高明的补漏剂。不过，道歉并不是像我们认为的那样，仅仅说句“对不起”就能解决所有问题。事实上，道歉是一种艺术，是一种学问，只有学会正确而有效地道歉，才能达到理想的效果。

那么，怎样才算是正确而有效的道歉呢？

道歉应当及时

应该道歉的时候，就马上道歉，否则越耽搁就越难以启齿，局面也就越难以挽回。1999年，有消费者因饮用可口可乐引发恶心、腹泻等症状，对此，可口可乐公司本应立即做出反应，但当时的公司总裁艾华士却在一个多星期后才向媒体公开发表道歉信，希望获得公众的谅解。然而恶劣的影响已经形成，可口可乐公司的商誉遭到重创，利润大幅度滑坡，艾华士本人也被迫离职，而这一切本是可以避免的。由此可见，道歉一定要抓住时机，切勿拖延、敷衍。

道歉的用语应当充满诚意

道歉不是一种为自己狡辩的伎俩，更不是用来骗取别人宽恕的手段，没有诚意的道歉是无法赢得对方的谅解和同情的。英国某公共事业公司在顾客不知情的情况下，把近万名顾客的服务级别改为“默认”，使得这批顾客为此额外付出了很多费用。面对大量顾客的投诉，该公司却用了一句毫无诚意的客套话作为回复：“如有不便，谨表歉意。”这引起了公众的强烈不满，该公司的信誉从此一落千丈。这就是毫无诚意的道歉造成的结果。

事实上，除非道歉时真有悔意，否则对方不会释怀。所以，你必须真正为自己的错误感到内疚，从而发自内心地诚恳地道歉，你要用充满诚意的语言去打动别人，切勿避重就轻、闪烁其词。

道歉意味着要承担一定的责任

如果你犯了错误，就要承担相应的责任，这一点应当在你的道歉用语中充分地体现出来，让被伤害的人觉得“是的，他知错了”。他们将会看到你勇于承担责任的态度和对错误的反省，知道类似的事情不会再发生。只要你能够承担责任，考虑后果，并且竭力弥补，那就会是一次很有效的道歉，别人也会理解并接受你的歉意。

注意道歉时的态度

道歉也要注意态度，如果道歉得当，对个人名誉和人际关系都会有促进作用。反之则可能错上加错，有时后果甚至会不堪设想。例如，带着愤怒和不情愿的心理做出的道歉，让人听起来就会有挑衅的意味。另外，道歉要堂堂正正，不必奴颜婢膝，如果没有错，就不要为了息事宁人而道歉。你想纠正错误，这是值得尊敬的事，但要分辨清楚深感遗憾和必须道歉两者之间的区别，才不会让事态变得更加复杂。

夸奖适度方入心

每一个人都是喜欢被别人夸奖的。如果得不到他人的夸奖、肯定，这个人就会觉得自己一无是处，不被关心。而受到夸奖的人却会有如沐春风之感，进而能够激发出自身的潜能和智慧，好让自己与受到的夸奖相称。特别是对那些在人生路上遇到挫折、陷入困境者来说，夸奖如同漫漫长夜中的一支火炬，不仅可以点燃其奋进的希望之光，而且可能改变他一生的命运。

因此，我们要学会夸奖别人，一句轻轻的夸奖，既能让对方获得被欣赏的愉悦感，又有利于建立和谐融洽的人际关系，不失为一种有效的交际手段。

当然，并不是什么样的夸奖都能打动人心，正确使用夸奖还需要掌握一定的诀窍。

夸奖要及时

别人做了好事或有了进步，最好当时就给予夸奖和鼓励，这样对方的荣誉感和成就感就会及时得到最大的满足，更会鼓足干劲，投入其后的工作中。不过，这一点对于一些社会地位比较高的人或者有学识的人、长辈来说，会显得比较困难一些。这些人往往习惯在日常生活中扮演他人的教育者或指导者，而很少去夸奖别人。但正因如此，他们才更需要去学习如何多夸奖别人，学习如何在别人取得进步时及时地给予肯定。这种夸奖会给他人强大的动力，对于他人的成长和进步大有裨益，对于改善双方之间的关系也很有好处。

要善于发现夸奖的着眼点

夸奖别人不一定都要从大方面着手，可以从一些小事着手。巧妙地找到夸奖的着眼点，才能使夸奖的话语深入人心，也会使你在交际场合无往不利。例如，去朋友家做客，你就可以夸奖主妇厨艺高超，做的饭菜受大家欢迎，那位主妇就会觉得自己的劳动成果有人欣赏，一天的疲劳立刻消失，对你的好感也会大大增加。而这一切只不过是因为你说了一句简单的夸奖的话。

夸奖不可言过其实

夸奖的话必须切合实际，充满诚意，这样才能打动别人，鼓舞别人。如果仅仅出于讨好对方的目的，而虚伪地说两句言过其实的恭维的话，就算不上是真正的夸奖，而是吹捧、奉承。对方如果不是一个过于自负的人，就会很容易地分辨出来。这样的“夸奖”不但没有效果，甚至还可能引起对方的反感。

夸奖要有度

夸奖也应有个度，千万不可滥用，否则会使被夸奖者变得浮躁、自满。因此，夸奖要本着实事求是的态度，对于别人的优点、进步要予以充分的肯定，而对于别人出现的错误，则一定要慎重评价，不要因为害怕打击对方的积极性就不敢开口。对有错误又包含点滴创新的思路，就应在指出不足的同时，给予适当鼓励，以保护这难得的创新火花。

初中生李敏是老师眼中的差生，她的接受能力和反应能力总是好像比别人差一些，这不光让老师头疼，她自己也非常沮丧。

一天，班主任周老师在放学后找李敏谈话，问道："我发现你这几天上课注意力不太集中，有什么困难吗？"

李敏吞吞吐吐地回答道："周老师，我……我感觉我比别人笨多了，您讲过的数学题，别的同学做一遍就会了，我总要做四五遍。"

周老师笑着摇摇头说："我觉得不是这样的，李敏！"

李敏疑惑地看着周老师，周老师温和地对她说："在我看来，这个学期你比以前进步很多，而且我觉得你非常勤奋，不懂的知识会反复学习，用这样的精神继续努力，我相信你一定能够取得好成绩。"

"真的吗？"李敏惊喜地问。

周老师肯定地点点头。

这次谈话让李敏内心深处升起了希望，她在周老师的夸奖中凭着自己的努力不断进步，在毕业时终于取得了不错的成绩。

事实上，每个人身上都有积极因素，都有闪光点，只是人们常常将其忽视而已。而周老师却发现了李敏身上的优点，那就是勤奋。他用夸奖给了李敏充分的肯定，鼓励她努力学习，继续奋进。

夸奖就如同阳光，没有它，人往往就难以成长、进步。所以，我们应当学会用适度的夸奖来代替对别人过失的指责，毫不吝啬地把赞许的温暖阳光洒向他人。

说话留点余地

我们在说话时要时刻提醒自己，应该留点余地，不要把话说得太满，更不能说太绝对或太过头的话，使自己无路可退。

我们在现实生活中经常见到这样的情况：下属对上级拍着胸脯说："这件事交给我负责您就放心吧。"可是期限已到，却没有任何进展，等到上级过问，下属才老实地回答："事情不如想象中那么简单。"结果可想而知。

这就是说话不留余地而让自己陷入窘迫的例子。《增广贤文》中说："逢人且说三分话，未可全抛一片心。"人心是最复杂的东西，把握不好就会吃大亏。所以，说话最好留点余地，才不至于给自己带来麻烦。

话说得过了头，就会违背常情常理，可能会触碰他人身上的"逆鳞"，让自己陷于被动的境地。

话说得太绝对，就会引起他人的怀疑，甚至引起他人的反感。

话说得前后不一致，就会给别人留下把柄。

话说得太直，就会激怒对方，从而在交际场上引起误会，为自己留下隐患。

也许在你看来，这些都是为人坦率的表现，可是这样的“坦率”往往是最危险的。这样的人最初会给别人留下一个忠厚老实的印象，可是，渐渐地人们就会发现所谓“坦率”不过是头脑简单、不会说话。另外，“坦率”的人还常常伤害别人。他们想说什么就说什么，毫无掩盖，直来直去而且不分场合。所以经常在连自己也不知道的情况下就伤害了别人。这样就在无形之中树立了无数潜在的敌人，这种敌人比你知道的敌人更可怕，他们会寻找机会来向你发动进攻，趁你不备将你击倒。“坦率”的人还会被别人利用，因为坦率的人往往很容易被对方激怒，也很容易主动替别人打抱不平。与其在事后发现自己被人利用而后悔，倒不如早点醒悟过来，多告诫自己，切不可过于坦率和感情用事，逞一时的口舌之快，坦率的背后一定要有理性和智慧的支配。

美国前总统威尔逊尚未当上总统时，在一次宴会上，宴会主人向在座的众人介绍说威尔逊是“未来的美国大总统”。听到宴会主人轻率的发言，威尔逊心里有些不快，却不好当面发作。

后来借着即兴发言的机会，威尔逊给大家讲了一个故事：“在加拿大有一群垂钓的游客，其中一个叫作强森。强森大胆地试饮了某种有危险性的酒后，便欲和其他同伴搭火车回去，但是，强森没有搭北上的火车，反而乘了南下的火车。大家急于把他找回来，于是就打电话给那班南下列车的列车长：‘请将一位叫强森的矮个子，送往北上的火车，他喝醉了。’不久，他们就收到列车长的回电：‘请再详示其特征。本列车中有13名醉酒的乘客。他们既不知自己的姓名，更不知自己的目的地是何方。’”威尔逊接着说：“而我威尔逊，确知自己的姓名，却不能像×××先生（宴会主人）一样，确切地知道我将来的目的地在哪里。”在座的人士一听都哄堂大笑。

威尔逊用一个巧妙的故事补救了他人的言语不当，用不知道将来的目的地在哪里，表示自己日后能否当选总统还未可知。他给自己留下了余地，避免了日后可能产生的问题，还给在座众人留下了谦逊有礼的印象。

让声音表情达意

有人说："声音是一个人最好的名片。"这句话确实有一定的道理。声音能够反映出说话人的真实情感，传达出悲喜哀乐的种种情绪。声音动听悦耳，能够引起别人的注意，使人们愿意与你交谈；声音沉闷、单调，则会大大减弱语言的吸引力，抓不住听众的心。因此，我们理所当然地应该给予我们的声音更多的关注。

不过，有的人可能会说："声音不是天生的吗？声音不动听也不是我的错。"这种观点其实是错误的，发声的器官的确是无法改变的，但发声方法是可以改变的，我们完全可以通过后天的勤奋苦练改善自己的发声方法，让自己的声音使人听起来有如沐春风之感。当然，要改善声音并不是一件容易的事，需要经过长时间的磨炼，在这里我们将介绍一些特别需要注意的原则。

注意自己说话的语调

很少有人在说话时注意自己的语调，但语调能反映出一个人的情绪、态度、性格等。当你开心、气愤、焦急或恐惧时，你的语调都在不知不觉中向人透露着你的内心世界。因此，在说话之前要注意自己的语调，让自己的声音能够尽量多地传达出热情、诚意，而不应让人感到你是一个冷淡、充满敌意的人。

注意自己发音的准确性

正确的发音有助于你准确地表达自己的思想。因此，说话时要注意要求自己口齿清晰，每一个字的发音要尽量清楚明白，这样别人才会认真地倾听我们的话。否则发音含糊不清，别人就无从了解你要表达的意思，沟通也就无法正常地进行。

注意控制说话的音量

有的人说话听起来有气无力，音量不足。这样与人谈话，很容易让对方失去兴趣。为了提高音量，可以尝试把手放在腹部，说话时用腹部的力量把手推开，同时每天坚持对着远方大喊，多加练习，音量就会逐渐增大。不过需要注意的是，音量也不是越大越好，特别是在公共场合，音量过大会显得没有礼貌，这是应当避免的。

注意控制语速

语速的快慢将会影响他人对信息的接收。如果你的语速过快，传达的信息太多，就会超出对方的接受水平，使其难以理解你要表达的意思；而语速过慢，又会使对方失去耐心。所以说话时要注意控制自己的语速，如果要向对方讲述一个比较复杂的问题，就需要适当放慢语速，让对方有更多的时间来消化你所讲的内容。

适当使用重音、停顿等

说话时适当使用重音、停顿能够起到强调语义的作用。在你希望对方注意的字词上使用重音，或者在此处稍作沉默，就可以加深对方的印象，也能够给人留下思考的余地，是增强说服力的一种有效方法。

季老师刚刚走上工作岗位。第一周上课时，领导和同事来听他讲课。由于过度紧张，本来风趣幽默、口才出众的季老师竟然大失水准，说话的声音毫无激情，吐字有点含混不清，本来动听优美的句子让他一念，就像“白开水”一般味道全无。他的声音也不够响亮，坐在教室后排的领导甚至听不清他在说什么。

下课后，季老师非常沮丧，他也不明白为什么平时说话响亮清晰的自己一站到讲台上，声音就变得绵软无力。站在讲台上，究竟怎样才能让自己的声音变得入耳入心、响亮动听呢？

随着时间的推移，季老师逐渐适应了这个全新的环境，并克服了紧张羞怯的心理。通过向很多优秀的老教师讨教，他才发现教师在课堂上的声音运用是很有讲究的，如果教学讲课声音过于平直单调，缺乏抑扬顿挫的转折，就会影响上课的品质，使得学生对授课内容兴致索然，无法专心听讲。从此，季老师非常注意对声音的运用，他对声音的运用和节奏的掌握越来越熟练。几个月后，季老师在上课时，已经能够做到声音铿锵有力，表达生动活泼，体态落落大方，学生听得聚精会神，而他对于彻底掌握教学语言艺术也越来越有信心了。

让自己的话具有吸引力

与人谈话的关键是使对方感兴趣。若要使谈话愉快地进行下去，你应该注意把握话题，谈一些对方有兴趣、愿意听的事情，让你的话语充满吸引力。

为此，你在说话时应注意以下细节：

- 谈谈对方引以为荣的事情。每个人都希望别人注意自己的长处。一旦有心人这样做了，会使对方因心理需要得到满足而倍感愉快。

- 谈一些自己比较了解的事情，能够引起别人的兴趣，使人觉得听你讲话后受到启发，有所收获。

- 谈话时，表情应当自然平和，使对方感到亲切和轻松。谁都愿意与和蔼、随和的人交谈，听这样的人讲话使人心里感到舒服。

- 微笑的表情是与人交谈的法宝。微笑能够缩短人与人之间的距离，能够使人轻松愉快。面带微笑地与人交谈，你会体验到更多令人愉快的情感，也会赢得更多知音。

- 讲话时切忌支支吾吾，畏畏缩缩。这种难受的样子会使别人感到很不舒服，也会使人轻视你，低估你的能力。

• 讲话速度不要太快。讲得太快，别人来不及理解，容易引起对方的厌烦情绪。

• 讲话时声调不要太高。说话声音太大会让别人觉得你缺乏教养，这一点在公众场合尤其需要注意。

• 讲话时，声音抑扬顿挫可以使要表达的内容有声有色，充分吸引听者的注意力。

• 讲话时眼睛要注视着对方的眼睛，这表明你在认真讲，并相信对方在认真听。注视对方有助于调动听者的注意力。

• 讲话时切忌左顾右盼。这种心不在焉的样子，会使对方感到不高兴，觉得你轻视了他。

有一家大报社，由于总编辑更替频繁，报社内部极不稳定。社内很多制度也不合理，只有资格较老的记者才有自己的新闻采访车，而见习记者一般都乘坐大车集体外出采访。这让很多见习记者感到很不公平。

新任总编辑上任后，了解到这些情况，马上组织召开了一次全体员工大会。而员工们认为这位总编辑不过是“新官上任三把火”罢了，解决不了什么真正的问题。

总编辑不以为意，他微笑着对员工说：“我以前和大家一样，也是一名记者。记者这行可没有别人想的那么风光，吃苦受累的事我都经历过。我理解大家，所以从现在起，我先和来实习的同事一起坐大车出去采访。我还听说一些见习记者去采访时连大车都坐不上，我感到非常抱歉，我保证这样的事情不会再发生了……”

总编辑的这段话获得了全体员工的热烈掌声。

总编辑这时才开始他的上任演讲：“我计划把本社……”

会场中的员工个个听得津津有味，不时报以掌声，再没有出现以往总编辑上任演说时的那种员工聊天、打瞌睡的情况。

员工最关心的当然就是自己的待遇问题，所以总编辑以这个很有吸引力的话题作为开场白，一下子就引起了员工的兴趣，也为双方顺利沟通铺平了道路。他从员工的利益出发，表明自己愿意与大家同甘共苦，而且有诚意为提高大家的福利而努力，如此一来，自然能够受到全体员工的热烈拥护。

借别人的口来问

很多时候，想知道一件事情，却有诸多的理由让你无法开口，可不问心里的好奇、迫切、焦急又得不到释放，这时，不妨借别人的口来问自己的问题。你可以借助的对象有很多，家人、朋友、领导、同事，甚至一些不相关的人都可以帮助你得到你需要的答案。

借别人的口来提问，听者就不会感觉到你的目的性，而你也无须有过多的避讳，完全站在旁观者的角度，即可轻松地达到目的。

不过，借别人的口问问题还是需要掌握一些技巧的，否则难免出现纰漏，弄巧成拙。为此，你可以试着采用下面这几种方法。

借“大家”的口来问

对一些身份比较特殊的公众人物，直接提问可能有冒犯之嫌，这时可以借用含义比较广泛而又模糊的“大家”的口来问，如：“大家都想了解一下……”“您能不能给我们说一下……”“大家让我来问问……”这样会给人造成这样一种印象，即这是大家都想知道的问题，我才不得不问的。需要注意的是，借“大家”之口提出的问题应当是意义重大、角度精辟的问题，如一些公众普遍关注的社会焦点问题、热点问题，问题提得好，才会让双方都感兴趣。另外，还要注意保护被提问对象的隐私，不要问粗俗、猎奇或与主题无关的问题。

借上级的口来问

生活中有些乖张的人，只有上级才能镇得住。以自己的名义向他提问题，没准会碰一鼻子灰，这时最好借上级的口来问。比如，出于工作需要，你要去问李某的工作进度。而此人正好是一个欺软怕硬、专看上级脸色行事的人。你不妨这样问：“小李，局长让我来问问，你的工作总结写好了没有？”这样一问，迫使李某不得不以认真的态度来回答问题，而你又不会被他压住了气势，因为你的身份已经转换为“传话者”而非“办事者”，纵使他心里不情愿，迫于领导的压力，他也不敢怎么样。虽然借上级的口来问话听上去官腔十足，但关键时刻，往往能产生奇效，使你能够轻而易举地达到目的。

借不相关的人的口来问

很多时候，有些问题自己不方便直接提问，就可以借一个与问题不直接相关的人的口来问。例如，需要向别人咨询一些关于健康或者人际关系的问题时，从自己的角度提问可能有些难以启齿，这时可以说：“我的朋友身体出现了一些问题，症状有……请问……”“我的同学请我代问一下……”而这些所谓的“朋友”“同学”

可能根本就不存在。这种问话方式能在很大程度上减轻人们的心理障碍，使问题得以顺畅地表达出来。

某公司总经理在外地与对方谈判了六天还没有结果，总经理秘书小金想知道谈判究竟进行得如何，并想确认总经理究竟决定何时返回，好安排下一步的工作。但小金觉得直接向总经理提问不太礼貌，于是她对总经理说："酒店服务台刚刚打来电话，说他们有预订机票的服务，问我们是否需要。我们用不用现在回复？"总经理想了一下，回答道："问一问能不能订后天的票。"这下小金心中有了底，开始有条不紊地做返程的准备。

小金在这里采用的就是"借不相关的人的口来问自己的问题"的方法，结果既得到了自己需要的答复，又避免了贸然催促给领导带来的不快。

会说更要会听

静听他人的声音，并通过这种静听参悟生活的玄机，既是对人世的通明，也是对人生的洞彻。也许你会认为交际场上能说会道的人最受欢迎，其实，善于倾听的人才是真正能赢得人心的人。能说会道的人，有锋芒毕露的时候，也常有言过其实之嫌，夸夸其谈，油嘴滑舌，还有可能言多必有失，祸从口出。静心倾听就没有这些弊端，倒有兼听则明的好处。用心听，给人的印象是谦虚好学，是专心稳重，是诚实可靠。仔细听能减少不成熟的评论，避免不必要的误解。有人曾说过，倾听是对他人最好的恭维。善于倾听，于人于己都有着不可估量的积极作用。

美国南北战争时北方军队曾经陷入困境，时任美国总统的林肯，心中有来自多方面的压力。他把一位老朋友请到白宫，并与这位老朋友谈了好几个小时。谈话结束之后，林肯与这位老朋友握了握手，甚至没问他的看法，就把他送走了。这位朋友后来回忆说，当时林肯一个人说个不停，这似乎使他的心境清晰起来。他在说过这些话后，似乎觉得心情舒畅多了。

遇到巨大麻烦的林肯，需要的不是别人给他忠告，而只是一位友善的、具有同情心的倾听者，以便减轻心理上的巨大压力和思想上的极度苦闷。可见倾听能够减轻他人的压力，帮助他人清理思绪。静心倾听对方的话就是尊重，以同情心和同理心倾听别人的谈话，不仅是维系人际关系、保持友谊的最有效的方法，更是解决冲突、矛盾和处理抱怨的最好方法。

从人性的本质来看，我们每个人最关心的当然是自己。我们喜欢讲述自己的事情，喜欢听到与自己有关的东西。因此，如果你希望成为一个善于与人沟通的高手，那你就得先做一个懂得倾听的人。要使别人对你感兴趣，你就先对别人感兴趣。要问别人喜欢回答的问题，鼓励他人谈论自己所取得的成就。不要忘记，与你谈话的人对他自己的一切比对你的问题要感兴趣多了。既然如此，何不给他人一个自我表现的机会！

倾听者并不是不开口说话，聪明的倾听者往往积极地参与对话。做一个聪明的倾听者很重要的一点，就是要全心全意、真心投入，并能不时地问一些问题，鼓励对方多谈。

其实，积极参与谈话的方式很多，绝不需要动不动就插嘴，打断别人的讲话。善于聆听的人经常应用几种自然轻松的方式，关键是要实际有用。你可以偶尔点点头，或偶尔附和一两声。也可以换个姿势或俯身向前，微笑一下或挪一下手。而目光的交流最能显示你是一位友好的人，因为这表示："我在非常认真地听你说自己感兴趣的事情。"谈话中途停顿时，可以提出相关的问题，继续让对方表现下去，让他有话可说。最关键的并不是你到底应该采取哪一种倾听技巧，这绝不是一件机械化或一成不变的事。上面提到的只是当你感觉很好时可以用的几种方式，它们会使与你谈话的人变得更有兴致。

每次当你开始谈话时，不妨先想一想这一点：要使别人喜欢你，就要善于倾听。

郑桦是一家公司的人事主管，她非常善于沟通，在公司很有人缘。有段时间她发现销售部整体士气不足，便积极与销售部门经理进行沟通。她第一次与销售部经理进行面谈时，对方却说他想要离开这家公司。她当时有些气愤，觉得这位经理非常过分，公司为培养他投资很多，给他的待遇一向不薄，而且公司高层对于销售部门一向非常重视，并没有什么对不起他的地方。现在他就这么一句简单的要走，完全罔顾公司利益。她抑制住自己心中的不满，因为此时发脾气于事无补，最重要的是了解这位经理心里到底是怎么想的。她努力做到平静、和蔼，像朋友一样与他沟通，鼓励他倾吐心声，说出自己真正的想法，帮他看清眼前的两个问题：走的目的是什么？留下来又可以创造什么？

最初这个销售部经理对她还有所保留，只肯谈工作方面的事情，而且大多都是抱怨。郑桦没有急着打断他，而是耐心地听他说完，这才开口讲话。郑桦自始至终都和颜悦色地站在对方的角度分析问题，疏导他的负面情绪。这位经理感受到了郑桦的诚意，慢慢放下了心中的戒备。到后来，他开始很主动地讲自己的家庭问题。通过一番深入的沟通，他对自己目前的工作和生活有了一个更深层次的认识，他意识到自己对公司、对家庭、对个人都应当负起责任来，而不能因为一点点不顺心，就把情绪带到工作中，至于“要走”不过是一时冲动，公司的前景非常远大，在这样的公司才能实现个人的充分发展。他为自己的不理智道歉，并向这位女主管表示了最真诚的谢意。此后，他立即积极主动地投入工作中，带领整个部门努力拼搏，使部门业绩在短短三个月内递增了两倍。这个销售部经理也获得了公司的嘉奖，还升了职。

通过让对方主动倾诉，郑桦了解到了真正的问题所在，得到了对方的信任。倾听让双方之间的分歧迎刃而解，让可能发生的争执和矛盾消弭于无形。

使用恰当的表达方式

俗话说："一句话能把人说笑，也能把人说跳。"同样，用不同的方式表达，取得的效果也可能完全不同。那么，我们应该怎样做呢？

使用柔和的语气

语气亲切，语调柔和，语言含蓄，措辞委婉，说理自然，这样说话对方才会感到亲切和愉悦，所说之言也易于入耳生效，有较强的说服力，往往能收到以柔克刚的交际效果。为了做到这一点，就要在日常加强个人的思想修养，由内而外地提升个人素质，这样说出的话才会字字珠玑，美好动听。另外，在遣词造句和语调语气上也要注意一些特殊的要求。比如，应注意使用敬词、礼貌用语，以表示尊重对方的观点和感情，引起对方的好感，少用否定句，多用肯定句；少用贬义词，多用褒义词等。

把握说话的时机

言贵精当，更贵适时。说话是双方的交流，不是一个人单方面的行为，它要受到说话对象、说话时间、周边环境等种种因素的限制，所以说话要把握时机。如果该说的时候不说，时机转瞬即逝，便很难再找到合适的机会。同样，如不顾说话对象的心态，不注意周边的环境气氛，不到说话的时候却抢着说，很可能引起对方的误解，甚至反感。如果信口开河，闭上眼睛乱说，后果就会更加严重。

见什么人说什么话

见什么人说什么话，也就是在和对方交谈时，尽量使用对方认同的语言，谈论对方熟悉和关心的话题。还要看具体情况，灵活机动，因人而异。例如，与地位高于自己的人谈话，要态度尊敬，不要随意插话，回答问题简练得当，态度要自然，不卑不亢；与地位低于自己的人谈话，要避免摆出高高在上的姿态，多赞美对方，但不要太过亲密；与老年人谈话要谦虚，让对方感到你对他的话感兴趣；与女性说话要有礼貌，耐心做一个好听众；与孩子说话要和蔼，表现你的爱心与童趣。另外，说话要考虑对方的文化背景和社会背景。如果能抓住对方的职业特点、性格特征、兴趣爱好引发话题，就能较容易触动对方的心灵，进而与之产生共鸣。

巧用语言修辞

爱因斯坦创立相对论之初，很少有人能读懂他关于相对论的著作。一次，有人要求爱因斯坦用最简单的话来解释相对论。爱因斯坦是这样解释的："你同你最亲爱的人坐在火炉边，1 个小时过去了，你觉得好像只过了 5 分钟；反过来，你一个人孤孤单单地坐在热气逼人的火炉边，只过了 5 分钟，而你却感觉像坐了 1 个小时。这就是相对论。"爱因斯坦用人们的日常生活体验来解释高深玄妙的相对论原理，通俗明了，让人一听就懂，这就是语言运用中的修辞技巧。

常见的修辞技巧有比喻、拟人、借代、夸张、双关、对比、设置悬念等，适当地运用这些修辞技巧，能让自己的言谈更精彩。

王雯雯在一家广告公司工作了 8 年，自认为非常努力、敬业，也有一定的业绩，但一直没有升职。几个比她晚来的同事却很快得到了升迁，成了她的上司。

王雯雯很不服气，终于忍不住去找经理："经理，你是不是对我的才能不满意啊？"经理听到王雯雯的话，皱起了眉头，敷衍道："哪里的话，你很有才气！"

"那是不是你看不起女孩子，认为我们没有领导能力呢？"王雯雯哀怨地问。"不敢不敢，妇女能顶半边天嘛。""那你就是对人家有意见？ 8 年了都没有提拔人家……"王雯雯的眼圈红了，眼看就要掉下眼泪。这下，经理没法回避了，他想了半天，支支吾吾地说："其实没什么大问题，就是你那个，那个说话的腔调，能不能成熟一点？"

王雯雯也许是一个比较优秀的员工，但她错误的表达方式给上级留下了不佳的印象。她的问题就是说话不看对象，即使在工作场合，说话仍然像小女孩一样娇嗔，这与她近30岁的年龄是不符合的，也容易给人留下不可靠、不成熟的感觉，如果和异性同行打交道，甚至还会给人不稳重的错觉。这样一来，经理怎么可能给王雯雯升职，让她去领导别人呢？

口才练兵勤奋始

没有人是天生的演讲家，许多擅长说话的人，最初都是笨嘴笨舌的人。许多著名的演说家第一次演讲也是以失败告终的。那么，他们是如何在失败的基础上获得令人惊奇和引人瞩目的成功的呢？答案很简单，那就是勇敢地面对现实，大胆地面对挑战，刻苦勤奋、坚持不懈地努力练习，只要勤于练习、方法得当，就一定能拥有好口才。勤练是成就好口才的必要条件，那么从哪些方面着手练习，怎样练习才能获得有效提高呢？下面就介绍几种简单、易行、有效的口才训练方法。

明确目的才能言之有物

一般来说，人们说话的目的不外乎传递信息和知识，引起注意或兴趣，争取了解和信任，激励、说服或劝告。

坚持话由旨遣的原则，明确说话目的，是说话取得成功的首要条件。目的明确，谈话、社交才能够取得良好的效果，有时甚至能够使说话之人急中生智，化险为夷。只有明确了目的，才知道应准备什么话题和资料，采取何种语体风格，运用哪些技巧，从而能够有的放矢，临场应变。若目的不明就不顾场合地信口开河，东拉西扯，对方就会不知所云，无所适从。

因此，每次说话之前，不妨扪心自问："我为什么要说"或者"人家为什么要我说"。预先想一想可能产生的效果，并把预期的效果当作目标并为之努力。

抓住每一个练习机会

只有刻苦勤奋、坚持不懈地努力练习，才能获得令人瞩目的成功，因此，我们不应该放过任何一次当众练习讲话的机会。

当我们参加某一个团体、组织，或出席聚会时，不要袖手旁观，而要施展浑身解数，勤奋地进行口才练习。比如，主动协助他人处理一些工作，尤其是一些需要到处与人沟通的工作。设法做各类活动的主持人，这样，就有机会接触那些口才好的人，可以向他们学习说话的技巧，你自然也就提高了口才。

练习得越多，改进得越多，进步就越多。到处都是练习口才的题材和对象，只要有心，就能不断进步。

从背诵开始练习

我们要求的背诵，一是要"背"，二是要"诵"。这种训练的目的有两个：一是培养记忆能力，二是增强口头表达能力。

记忆力是口才优秀者必不可少的一种素质。只有大脑中积累了充足的知识，才有可能张口即出，滔滔不绝。背得越多，记忆力越强，“背”正是对这种能力的培养。“诵”是对表达能力的一种训练，它要求在准确把握文章内容的基础上进行声情并茂的朗读。

用背诵法练习口才的具体方法是选一篇自己喜欢的文章，体会作者的思想感情，并对文章进行艺术处理，如找出重音、划分停顿等，在此基础上进行背诵。

学会模仿

模仿的过程也是一个学习的过程。我们小时候学说话就是模仿爸爸、妈妈及周围的人。练口才也可以利用模仿法，模仿在这方面有专长的人。日久天长，当众讲话能力也会随时间递增。模仿的方法可以是专人模仿，也可以是专题模仿，但要注意选择性，并要求从模仿对象的语气、语速、表情、动作等多方面进行模仿，在模仿中有创造，力争青出于蓝而胜于蓝。

模仿法是一种简单易学、娱乐性强、见效快的方法，适合各个年龄段。

用看图说话法来锻炼口才

看图说话就是描述，只是我们要看的不仅仅是书本上的图，还有生活中的一些景、事、物、人。简单地说，就是把你所看到的用描述性的语言表达出来。

描述法没有现成的练习材料，而要求当场组织语言，所以描述法训练的主要目的就在于训练语言组织能力和语言的条理性。在描述的时候，要求抓住景物或人物等的特点，语言要清楚、简洁、生动、活泼，要有一定的文采。描述要讲究顺序，描述完之后，别人应知道你说的是什么。

用讲故事法来锻炼口才

常言说："看花容易绣花难。"别人讲故事绘声绘色，很吸引人，可是自己一讲起来，仿佛就不是那么回事了，干巴巴的，毫无吸引力。其实，讲故事也是一种能力，并不是人人都可以把故事讲好的。学习讲故事是锻炼口才的一种好方法。讲故事对口才的提升是多方面的。因为故事里面既有独白，又有人物对话，还有描述性或叙述性的语言。

讲故事要求掌握故事中的人物性格、情节变化，语言要口语化、生动化，切忌照本宣科，在讲的过程中，还要配以表情和动作，以达到最佳效果。

由于个人知识、心理及年龄等方面的差异，锻炼口才的方法也会有所不同，但只要选择最适合自己的方法，加上持之以恒的刻苦训练，你就会找到打开口才之门的金钥匙。

一间美容院生意兴隆，在当地首屈一指。有同行追问店主经营的秘诀，他坦言，那是由于他的美容师在工作时善于和顾客攀谈。

同行不解地问："美容师如何与顾客攀谈呢？""容易得很，"店主说，"我每月都会购买各种报纸杂志，规定所有店员在每天早上上班之前一定要阅读，这样一来，他们自然就获得了最新鲜的谈话资料，可以顺利地和顾客沟通，博取顾客的欢心了。"

店主的经营之道反映了这样一个事实：丰富的知识是成就口才的一个重要条件。一个胸无点墨的人，当然不能在谈话中应对自如。因此锻炼口才时一定不要忽略了知识的积累。

情感篇

甜言蜜语，煲一份爱的养生汤

甜言蜜语绝非多此一举，而是恋人们增进感情的一个良好途径。无论是一见钟情的少男少女，还是同舟共济的老夫老妻，绵绵情话总是说了又说，讲了又讲，总能唤起百样情思，千种蜜意，万般柔情。

用赞美做爱情黏合剂

在生活中经常会出现这样的画面：妻子在家中忙了一整天，洗了衣服，晒了被子，打扫了房间，还烹调了好几个可口的小菜。疲惫不堪的丈夫下班回到家里，却对这一切视而不见，甚至还要挑剔几句："这道菜太咸了，你把盐罐打翻了吗？""洗澡水怎么还没放好？"妻子不由得十分扫兴，弄不好两人还会发生口角……

我们对另一半的抱怨是否多于赞美？要求是否多于鼓励？我们总认为他们实在有太多的地方需要改进，以至于赞美鼓励的话语不知不觉从我们口中消失，反而常会冒出一些严厉责备的词句。其实，相爱的双方更应当将赞美的艺术引入生活中，让对方有一种被接纳、被欣赏、被肯定、被感激的愉悦感受，自己的心情也会变得愉悦平和，爱情之花就会长开不败。

美国有一对夫妇结婚 30 年，婚姻生活美满幸福，儿女也都非常优秀。而他们成就幸福婚姻的秘诀之一就是经常地相互肯定和赞美。他们认为，每个人自我价值的实现不但需要自己肯定，也需要他人的肯定。配偶是相处时间最长，彼此最了解、最相爱且互相依赖的人，来自配偶的肯定和赞美最能使人肯定自我的价值，并增加生活和工作的信心。反过来说，如果婚姻生活中缺少了肯定和赞美，多了指责和贬抑，那么夫妻感情一定会出现难以修补的裂痕。有的人也许会说，婚后彼此已完全知根知底，早已撕下了热恋时那层神秘的面纱，往日的魅力也已随时间的流逝不复存在，没有什么值得赞美的。真的是这样吗？其实，你只是缺少一双发现美的眼睛，如果你多用宽容甚至赞许的态度去看待对方，就会重新找到对方的魅力。

对方在工作中取得的点滴成绩，为家人的无私付出和奉献，在生活中不时展现的智慧闪光等，都是值得赞美的地方。如果你能够坚持几年、十几年甚至几十年赞美爱人的优点，那无疑将为家庭生活不断注入生机和活力。

当然，对于大多数一直接受传统文化熏陶的中国人来说，直接的当面赞美是比较困难的事。想要对那个最亲近的人说出赞美的话，刚开始时也的确不太容易，甚至可能会让你觉得十分别扭，可是，当我们将赞美诚心诚意地表达出来时，对方总会感受到那份真诚的心意。

牛局长是单位公认的有福之人，原因是他有一位既贤惠又能干的妻子。由于牛局长工作繁忙，大小家务就都由妻子负责，而妻子也把家里管得井井有条，还把孩子培养得聪明健康。为此，牛局长总是说："她是个难得的好老婆，我这家多亏她了！"

由于妻子的无私付出，牛局长得以专心工作，来单位没几年，就荣升了正职。在同事为牛局长举行的庆祝会上，牛局长动情地说："我要感谢我的妻子，如果没有她，就不会有我的今天。"一时间，牛局长的爱人成了大家公认的贤内助。

有一天，牛局长过去的一个同事来市里找他办事，恰好牛局长不在，秘书小王热情地接待了客人。寒暄中小王忍不住夸赞起了牛局长的爱人，客人听后十分惊讶："不会吧？他爱人不怎么会做家务的，倒是牛局长这人特勤快，在我们那儿他可是个模范丈夫啊！"小王惊讶不已。后来一个偶然的机会，牛局长的爱人自己揭开了谜底。原来，几年前她的确不怎么会做家务，可牛局长常常当着别人的面夸奖她勤快能干，让她非常感动，就自觉自愿地开始学习做家务，时间长了，竟然真的"修炼"成了牛局长口中的"好妻子"。

牛局长用赞美的话改变了妻子，也让我们看到赞美能够产生多么神奇的力量。事实上，每个人都需要来自爱人的认可和赞美，而且永远都不嫌多，哪怕这种赞美的背后是一种善意的谎言。

巧言撒娇爱升温

撒娇是相爱的男女经常使用的一种小伎俩。精于撒娇之道的人在爱人面前常故意使小性子，让对方不得不“缴械投降”，然后便可以利用对方的这份关爱与怜惜，恰到好处地达到目的，并使得爱人对自己的爱护、心疼更增！

巧妙的撒娇就像爱情中一道精致的小点心，让爱情生活别有一番甜蜜滋味。但撒娇并不是一般人想到的小脚一跺，小嘴儿一噘，这种行为充其量只能称为“娇气”，偶尔为之可能会有几分趣味，次数多了就会让人有甜得发腻之感。而且撒娇不能不看场合、不分时间，否则不但达不到目的，还会白白惹人讨厌。

那么，我们该如何驾驭撒娇这个绝妙武器呢？

选对撒娇的对象

撒娇能否产生预期效果，要看你是否选对了对象。向那些疼你爱你的人撒娇，本身就是一件充满乐趣的事，也会让彼此间的感情更为融洽。但是向不熟悉或关系并不亲密的人撒娇，就显然不太合适，有时更可能引起对方的厌恶。

选对撒娇的场合

撒娇最好能够在私人场合“施展”，如果在公众场合，在众目睽睽之下撒娇，会让人觉得非常“肉麻”，而如果在比较正式的场合撒娇，更会给人留下不识大体、不够成熟的印象，所以还是把撒娇这件事留到私下去做吧。

看好撒娇的时机

撒娇不能不看准时机，如果在不适当的时候撒娇，就成了胡搅蛮缠。比如，对方情绪不佳或非常忙碌的时候，再不停地撒娇就显得很不识趣，稍有不慎更可能引起对方的反感甚至怒意。因此，想撒娇时首先要学会察言观色，在对方心情愉悦、轻松的时候撒娇，才能产生良好的化学效应，让两人之间的气氛变得更加温馨、浪漫。

注意撒娇的分寸

撒娇这种手段不宜过多地使用，如果不懂得见好就收，总是无谓地撒娇，就会让对方觉得你这人不好伺候，太过娇气，久而久之更会让对方变得麻木，不再对你的撒娇做出反应。不过撒娇也不宜太少，否则生活就会缺少很多情趣。因此，要学会收放自如，这样的撒娇才可得到最大回报。

曾凯是一位年轻有为的企业家，他外表出众，待人体贴，很多朋友都觉得以他这么优秀的条件，选择爱人的标准一定很高。可出人意料的是，曾凯与一位相貌平平的餐厅女服务员相爱了，并很快举行了婚礼。

在一次聚会上，一脸幸福的曾凯为朋友们揭开了谜底。原来在遇到现在的妻子之前，曾凯曾经和一位富家千金谈过一段短暂的恋爱，那位千金小姐长得十分美丽，但她的脾气、性格却让人不敢恭维，与她相处是一件非常吃力的事。她喜欢命令别人为她做事，而且做任何事情都必须符合她的完美要求，否则就会引起她的不快，让气氛陷入低潮。而她对人说话的方式，永远都像是在训话和教诲。

忍受了近两个月煎熬的曾凯最终向这位千金小姐提出了分手。不久之后，他在一家餐厅吃饭时不小心打碎了餐具，弄湿了衣服，一位女服务员主动来帮他清理，还一直温和地安慰他没有关系，她那温柔、体贴的态度让他有如沐春风之感。后来她就成了他的妻子。

朋友们有些难以置信，问曾凯她到底哪里好。曾凯想了想说："她很爱撒娇，非常可爱。"他举了一个例子。有一天下班前，曾凯接到妻子的电话，让他回家时顺便去买点某某牌的料酒。曾凯忙碌了一天，已经非常疲倦，便顺口答道："不要在家做饭了，我们今天去外面吃算了。"但老婆在电话中娇嗔地说："不要，人家已经准备好了，你早点回来吧，有好吃的哦。"听到妻子的话，曾凯心情大好：

“是什么好吃的啊？”妻子嘻嘻笑着说：“保密！”就这样，曾凯心甘情愿地去做妻子交代给他的任务——买料酒了。可他到家时才发现自己买错了牌子。他有些不好意思地对妻子说：“对不起，我忙得脑子都糊涂了。”这时，妻子满脸笑容地接过了料酒，说：“什么牌子都没关系，只要是老公买回来的，就是最好的。”

听到这里，朋友们似乎也被曾凯的快乐感染了，有的会意地点点头，有的露出了羡慕的眼神。

曾凯的两任女朋友正好形成了鲜明的对比，一个很漂亮但总是高高在上，另一个相貌平平却温存娇柔。该选择哪个女孩，对于聪明的男人来说答案是显而易见的。

会撒娇的女人让男人从“百炼钢”化为“绕指柔”，心甘情愿地去为她做任何事。会撒娇的女人让爱情生活充满了甜蜜和乐趣，也让自己感到无比幸福。

勇敢开口表白

爱，除了心灵的感应与感觉外，还应有言语的表白。表白对于爱情的开始和维系都十分重要。因为骄傲而放不下面子，不肯先向对方示爱，这又何必呢？示爱并不是示弱，假如这段感情幸运地开始了，先示爱的一方也并不会低人一等，敢于表白的人才能掌握自己的情感轨迹，做感情的胜者。

表白是一种艺术，只有聪明的人才能运用自如。你当然希望自己的表白能得到对方的接受，从此开始一段美好的情缘，但是表白成功必须具备起码的前提条件和诸多有利因素。

了解自己是表白成功的前提

在表白之前，首先应当对自己做一番客观的衡量，也就是对自己的情况进行理性的分析和评价。主要包括自我形象、思想情趣、生活作风、价值体系、学识才华等。人无完人，千万不要自我感觉太过良好，而忽略了自己的种种缺陷，也许正是这些缺陷成为别人拒绝你的原因。太过自负的人一旦遭到拒绝，那种痛苦是不言而喻的。

了解对方才能让表白有的放矢

在表白之前，应当尽可能地了解对方。如果你对心仪的对象连最起码的认识都没有，单凭一些工作、住址、年龄之类的基本信息，是无法真正了解对方的，这样的情况下做出的表白也会很浅薄，当然也难以被对方所接受。

表白要善于把握机会

碰到你喜欢的对象，应该巧妙追求，切莫错过良机。比如，当你在路上遇见对方时，可以主动与对方搭话，哪怕交谈的内容十分简单也没关系。有了第一次的交谈，说不定你就迈出了恋爱的第一步。你可以这样开场："我觉得你好面熟啊，以前好像见过。""请帮我个忙好吗？"这些话本身只是引子，真正的目的是进一步与对方深入交谈。

用暗示法巧妙表白

性格内向的人，特别是很多女性，也许不大适应直接的示爱方法，这时可以巧妙地暗示对方，一个秋波、一个神秘的微笑、一副害羞的表情，都会引起对方的注意。如果他领会了你的用意，就会主动过来接近你，这样你们就有了一个良好的开始。

借别人之口来表白

你可以借别人之口来表白，如对喜欢的人说："×××（可以是某位长辈、上级或值得信赖的朋友等）经常夸你。"对方一定会很有兴趣地问："是吗？夸我什么？""说你人品好，能干又谦虚。"其实这些都是你的心里话，只是腼腆的你不肯直接对对方说出来罢了。如果对方很聪明，当然会知道你话中的意思，如果对方对你也很有好感，是不会无动于衷的。

俄国生理学家巴甫洛夫年轻时，曾经在心理实验室担任研究员。他工作非常努力，几乎牺牲了自己全部的休息时间。对此，有很多朋友都表示不理解，他们都认为人生苦短，只有及时享乐才算是对得起自己。可是一个叫塞拉菲玛的女孩却不同意他们的观点，她很崇拜巴甫洛夫，认为他真正懂得生命的价值，在做着有意义的事情。他们两人彼此心灵相通，但巴甫洛夫并没有向这位可爱的姑娘表白。

一天，巴甫洛夫像往常一样在实验室忙碌着。夜深了，天下起了雪，担心巴甫洛夫健康的塞拉菲玛干脆到实验室门口去等他。

当巴甫洛夫走出实验室时，一眼就看到在寒风中瑟瑟发抖的塞拉菲玛，他感动不已，挽着她的手走在雪地上。突然，巴甫洛夫按着塞拉菲玛的脉搏，高兴地说："你有一颗健康的心脏，所以脉搏跳得很快。"

塞拉菲玛奇怪地问："你为什么突然说起这个？"

巴甫洛夫回答："要是心脏不好，就不能做科学家的妻子了。因为一个科学家把所有的时间和精力都放在了科研工作上，收入又少，又没空兼顾家务，所以做科学家的妻子，一定要有健康的身体，才能够吃苦耐劳、不怕麻烦地独自料理琐碎的家务。"

塞拉菲玛当即会意，她微笑着说："你说得很对，我一定做一个好妻子。"

就这样，巴甫洛夫成功地将自己的爱意传达给了塞拉菲玛。后来，他们结婚了。塞拉菲玛尽其一生来照顾巴甫洛夫，使他得以避免世俗琐事的困扰而专心研究。尽管他们的物质生活非常贫困，却一直相依相伴，度过了幸福的一生。

巴甫洛夫巧妙地用含蓄的语言，间接地把自己对塞拉菲玛的爱吐露出来。在日常生活中，有些话因为自尊心和虚荣心作祟不好直接说出来，而且担心会遭到对方的拒绝。在这种情形下，不妨采用巴甫洛夫的办法表白心声，这不但会让你显得幽默睿智，而且往往容易达到目的。

争吵有度，和好有方

一辈子不吵架的夫妻是很少见的。适度的争吵，能及时地表达自己的意见，宣泄自己的不满，有利于夫妻之间的思想沟通，也可以使双方更明白彼此的需要，彼此更趋于一致。但是，夫妻间的争吵要注意度的问题，否则图一时之快，用言语将对方伤害得体无完肤，就会严重影响夫妻感情。所以，争吵一定要有度，主要注意以下几个方面。

不要以居高临下的态度批评对方

夫妻间就某事发生分歧时，不要总是以为自己正确，把对方批评得一无是处。事实上，每个人都有自尊心，当自己受到责怪、埋怨时，自然要为自己辩护。如果一方容不得另一方解释或辩驳，那就必然会使双方矛盾激化，使得本来可以轻松解决的问题变成一场家庭大战。

不要轻易说伤害对方的话

在盛怒之下我们也许会口不择言地说出许多伤害对方的话，其实那都不是我们内心的真正想法，但这些话会在我们深爱的人心里留下很多伤痕，这种伤痕一旦形成，再想弥补就难上加难了。所以，无论你有多么生气，都不要轻易说出“我真后悔跟你结婚！我们离婚吧！”或者“看你那副德行，别人家的 ×× 比你强几万倍，你要能有人家的一半，我就有福气了！”，这样刺耳的话会让对方感到婚姻和感情的脆弱，使夫妻矛盾激化，严重时更有酿成悲剧的危险。

不要戳对方的短处

无论是妻子还是丈夫，都不是十全十美的，两个人能够走到一起是一种缘分，也是彼此理解和宽容的见证。可是很多人在生气时就忘记了这一点，总是喜欢恶语伤人，揭对方的短处，特别是在对方不“认输”时，更会气急败坏地贬损对方的人格，抨击对方的弱点，将对方以前的一系列的“失误”罗列出来进行人身攻击，甚至将对方的父母都列入贬损的范围。这样做可能会达到让自己消气的目的，但会给对方心里留下阴影，为夫妻和好增加难度。

不要总翻旧账

争吵时，要就事论事，不要老提起过去的矛盾和分歧，这样只会让矛盾扩大化。因此，争吵时要弄清楚这次为什么问题争吵，现在就单说这一件事，这样才有利于解决问题，消除分歧和矛盾。

俗话说："天上下雨地上流，夫妻吵架不记仇。"这句话确实有道理，其实，一般的夫妻吵架并不涉及根本的利害冲突，只是由于文化教养、思维习惯等方面的差异，产生了不同见解，但目的都是把事情办好，维护共同利益。因此，夫妻双方在争吵时要从大局出发，顾及夫妻的情分，注意控制自己的情绪。那么，争吵之后怎样才能和好如初呢？

放低姿态

即使错不在你，也不要总是摆出一副胜利者的姿态，那会让事情变得更糟。其实夫妻争吵不可能有真正的赢家，如果不能及时弥补你们之间出现的裂痕，那你就会输掉一次维系感情的机会。所以你所要做的是放低姿态，表露出渴望和好的诚意，你可以先主动打破冷战气氛，问对方一些无关紧要的小事，如"你中午想吃点什么""要不要一起出去买菜"，这不仅有助于减少对方的怒气，也会为对方找个台阶下，也许他同样希望结束争吵，只是不知从何着手。

做出道歉或接受道歉

如果你在争吵时无意间说了一些会伤害对方的话，那就需要对此做出道歉。不要觉得这是没面子的事。唯有如此，才能将伤害降到最低。同样，当对方在争吵后向你道歉时，也没必要揪住问题不放，而应用积极的态度回应他，道歉将为你们打开沟通之门，和好也就变得不再困难。

不要总是保持沉默

保持沉默或许能够避免争吵激烈化，但并不利于和好。沉默无法让对方明白你的心声，对方可能永远也不明白你愤怒的原因，更不知道怎样做才能打破你的沉默。结果争吵就这样慢慢变成无休无止的冷战，你们之间的隔膜也会越来越深。因此，不要总是保持沉默，要给自己，也给对方一个畅所欲言的机会。也许通过沟通你们会发现，引起争吵的原因其实只是不值一提的小事，到那时你们定会相视一笑，重新回到温馨和睦的状态中。

一对结婚七年的夫妻经常为了一些小事争吵。一天，妻子又为了鸡毛蒜皮的问题和丈夫吵了起来。最终，丈夫像往常一样甩门而出。

妻子如泄了气的皮球，颓然地坐在沙发上。她觉得每次吵架之后丈夫都会一走了之，是对她的一种无声的抗议，是对她人格的漠视。既然已经没有了爱与尊重，这样的婚姻要来何用？她又想到了朋友说过的“七年之痒”，难道他们的感情真的熬不过这个倒霉的七年吗？

分手的念头从妻子脑海中闪过，她的心里突然涌起一种说不出的绝望。她忍不住大声地哭泣起来。

这时，门外传来了钥匙的响声。丈夫推门走了进来，他径直走到妻子面前，抱住她，为她擦干了脸上的泪水。妻子心里有些温暖的感觉，却出于自尊不肯向丈夫低头。“以前你都不哭，今天是为什么呢？”丈夫盯着妻子的眼睛说。妻子一愣，难道他猜出了自己的心思？

丈夫叹了口气，接着说：“你知道吗？其实我每次出去都只是站在门外，我走开只是不想让你看见我以后更生气，我想等你消了气再回来，我真的不想看你不高兴的样子。”

妻子停止了哭泣，呆呆地望着丈夫。丈夫眼里流露着淡淡的忧伤，他说：“每次和你争吵，我都感到很无奈，两个人生活在一起总会有些摩擦，任何夫妻都避免不了。我不想我们之间越闹越僵，所以选择及时撤退。事实证明每次我走开后，你都能很快恢复平静，所以，只要听到屋子里又响起你细碎的脚步声，我就知道暴风雨已经过去。可是今天，屋子里安静极了，我在门外心乱如麻，然后就听到你绝望的哭泣。对不起，我不该惹你生气，可你今天究竟是怎么了？怎么会哭得那么伤心？”

听完了丈夫的话，妻子的眼泪又不争气地流下来，不过这一次不是出于伤心和绝望，而是出于对丈夫的愧疚。原来，丈夫为了维持这份感情竟默默地做了这么多。

这位丈夫选择以“离开战场”的方式来终结争吵，等待和解，可谓一种理智的做法。不过他也忽略了一点，那就是夫妻双方的问题是需要通过沟通才能解决的，抽身而去固然会换得一时的风平浪静，但时间长了，就会让妻子产生错觉，觉得丈夫过于冷漠，反而不利于夫妻感情的维系。可以想象，假如这次丈夫还没有把自己的“秘密”说开来，妻子的误解就会更深，结局也就不会像我们看到的这么美好了。

斗嘴是增进感情的语言游戏

爱情中的言语不一定总是充满了甜蜜，偶尔斗一斗嘴也会为爱情增加几分趣味。看上去，相爱的两人你来我往，不断地奚落、挖苦对方，毫不相让，但双方的态度却是轻松、欢快的，这就与吵架有本质的区别,更像是一种为了增进感情而进行的语言游戏。

不信请看下面这段对话：

“我真不懂，你怎么不能变得温柔点。”

“我也真不懂，你怎么不能变得温和点。”

“好了……你缺乏柔，我缺乏和，综合地说，我们一直缺少了柔和这玩意儿。”

“需要制造吗？”

“你看呢？”

“随便。”

“以后你能温柔点就多温柔点。”

“你能温和也请温和些。”

说这段话的正是一对彼此依赖、深深相爱的恋人，斗嘴是他们调节气氛的工具。在他们看来，斗嘴甚至比甜言蜜语更能展示情人间真实的感情与不同的个性，成了表现亲密的最好方式，那种妙处是局外人很难领会到的。

斗嘴不仅仅是一种语言游戏，有时还是消除恋人间摩擦的一种特别而有效的方式。比如，你和女朋友一起出外游玩，结果却错过了班车，后来又走错了路线，这时女友可能会抱怨道："哎呀，怎么跟你在一起就老是碰到倒霉的事呢？"面对指责，你可不能跟她动气，可以用诙谐的语调跟她斗斗嘴："对啦，我们就是夫妻命嘛！什么叫夫妻命？夫妻就该倒霉吗？夫妻就是要共患难呀！想想看，要不是有你在身边，我一个人哪里应付得了这些？"相信她听到这些话，就会怒气全消。

此外，斗嘴能够缓解压力，化解矛盾，对身体有很大的益处。所以，相爱的两个人斗斗嘴又何妨呢？

不过斗嘴既然是一种有趣的语言游戏，那么就应当把握一定的游戏规则，以免斗过了头，酿成不良后果。这就需要特别注意把握好度，应以不伤害对方的自尊为宜，切忌把对方很在乎的生理缺陷或敬重的人作为调侃的对象，否则就有可能自讨没趣，弄得不欢而散。这样的斗嘴也就得不偿失了。

另外，斗嘴也要考虑到对方的心境。对方心情愉快时，当然可以随便耍嘴皮子、开玩笑。可对方如果正在为工作不顺利等原因而愁眉不展，你一句挖苦准会遭到对方的抱怨，让对方觉得你不会关心和体谅人，那斗嘴就没有一点甜蜜的感觉了，只会留下满嘴苦涩。

《红楼梦》第十九回写宝玉到黛玉房里，见她睡在那里，就去推她，黛玉说："你且别处去闹会子再来。"宝玉推她道："我往哪里去呢？见了别人怪腻的。"黛玉听了，嗤的一声笑道："你既要在这里，那边去老老实实地坐着，咱们说话儿。"宝玉道："我也歪着。"黛玉道："你就歪着。"宝玉道："没有枕头，咱们在一个枕头上。"黛玉道："放屁！外头不是枕头？拿一个来枕着。"宝玉出至外间，看了一看，回来笑道："那个我不要，也不知是哪个脏婆子的。"黛玉听了，睁开眼，起身笑道："真真你是我命中的'天魔星'！请枕这一个。"她把自己的枕头推给宝玉，又起身将自己的再拿了一个来，自己枕了，二人对面倒下。

宝玉与黛玉"斗嘴"只是因为要"抢"一个枕头，事情虽然很小，语言也都是很普通的日常口语，但在恋人之间，却起到了"打是亲、骂是爱"的作用。就连读者都会被他们逗得会心一笑。在这里，斗嘴成了示爱的一种活泼而随意的方式，让本来相爱的两个人越斗越亲密。

别让唠叨消磨爱情

在这个世界上，没有人天生就喜欢唠叨，不幸的是，太多的生活琐事会让伴侣在我们眼中变得不再完美，而我们自己也不再宽容。“别乱扔东西，家里够乱的了！”“少喝点酒，都说过多少遍了！”“怎么又买那么多化妆品？真浪费！”我们一遍遍地唠叨着，总是为对方的“屡教不改”而头疼万分。殊不知，在对方眼中，我们可能已经成为“麻烦”“较真”等的代名词。为了表示不满，他们可能会变本加厉地做我们不喜欢的事情，如此恶性循环，爱情就这样被唠叨一点点地消磨了。

由此可见，无论是在热恋还是婚姻中，唠叨都是最大的绊脚石，原本美好甜蜜的爱情在无休止的唠叨中不知不觉走向了尽头。因此，渴望持久的爱情，应停止唠叨，给对方留有余地。

其实在很多时候，我们本可以用别的方法来代替唠叨，消除矛盾。

用讨论来代替唠叨

不想事事唠叨就要经常与对方讨论、沟通，如家务劳动，可以明确要求在某个时间内完成，并说明不完成的后果，如果另一方确有困难要及时声明，但最好别用“我等一会儿再干”或“我有时间再干”的回答来敷衍塞责，这常常是导致唠叨的诱因之一。

用鼓励的话来代替唠叨

我们都知道驱使别人去做我们想要达成的事往往很难达到目的，但如果善于用鼓励的办法去推动对方，就不会遭到对方的抵触，往往能够达到预期的效果。例如，我们不妨这样对对方说：“你烧的鱼真棒，我觉得比 ×× 饭店做的鱼都好吃，今天能再烧给我吃吗？”相信对方听到这样的话，心中一定会觉得非常骄傲，自然也会欣然从命。反之，我们若是反复唠叨“我要吃鱼，你快去做啊”，恐怕就很难达到自己的目的了。

用悄悄话来代替唠叨

有的时候，在对方耳边用悄悄话告诉他要做什么事，通常很有效。这种悄悄话能够显示出亲密感，让对方觉得心里很舒服。特别是在有其他人在场的时候，用悄悄话给对方“布置任务”也不会让对方觉得没面子，而且他还会对这种“秘密信息”很感兴趣，让他感到自己的重要性。

用幽默的语言来代替唠叨

以幽默的方式对待发生的事情，会让你心情舒畅。那些常常为芝麻大小的事而不高兴的人，早晚会精神崩溃的，但幽默会让一切负面情绪烟消云散。用幽默的方式来向对方提出要求或意见，对方也会欣然接受，其效果远比唠叨好。

委婉化解家庭矛盾

人们常常错误地认为，对关系亲密的人就不用费心讲究说话的艺术，直来直去反倒更显得亲切诚恳，可是这在实际生活中往往行不通。

例如，一位母亲对在屋外玩得起劲的儿子大声吼道："你马上给我滚回来！你的成绩那么差，还不回来做功课？"餐厅里，一位丈夫对正在打包饭菜的妻子说道："你怎么总是这么小家子气，你不知道这样做会让我很没面子吗？"

说者无心，听者有意。很多时候，我们直来直去的语言，已经在不知不觉中伤害了亲人、爱人的感情。生活中，因为一句话而大动干戈的情况并不少见，不懂语言的艺术，刺伤了对方的心，天长日久冲突在所难免。

因此，为了化解家庭矛盾，避免伤害其他家庭成员的感情，就要下一番功夫，学会委婉的说话方式。这是我们进行语言沟通时一种颇有奇效的黏合剂，它需要我们以坦诚开放的态度来对待对方，充分尊重对方的感受，并且给予对方充分的重视，从言语中体现出对对方的体贴与关怀。

那么，在生活中怎样做到语言委婉呢？

表达意思要清楚明白

在讲话时，表达意思要清楚，避免模棱两可。在日常交谈中应注意所用词汇的准确性。正确的用词在表达你的期望时非常重要，否则对方会以自己的想法来理解，这样难免引起误会和冲突。

注意表达感情的方式

注意表达感情的方式并不是要求你掩饰或压抑感情，而是让你在情绪激烈时，避免采用激烈的表达方式。尽量用委婉的方式来表达，这样既能将自己的内心感受讲出来，又不至于伤害对方。

避免粗鲁、不文明的用语

使用粗鲁、不文明的语言会破坏你在对方心目中的形象，也会使对方感到愤怒。因此，你希望别人如何对你说话，你就应如何对别人说话。这是学会委婉的一条根本原则，离开这条原则，委婉便成为一种摆设。

态度要尽量诚恳

委婉要求双方都要心悦诚服地接受自己的缺点，不推卸自己该负的责任。委婉的态度，就是诚恳的态度，就是要诚恳地接受对方的意见，诚恳地承认自己的错误，诚恳地向对方道歉。不过委婉也不等于夸张地认错，我们常常可以听到在争论中，一方说：“好啦，都是我一个人的错！”这种不分是非的态度，不是委婉的态度，而是赌气的行为，容易扩大矛盾，造成更强烈的对立情绪。

某时，某家。

丈夫：“为什么你从来不帮我把干净的袜子准备好，放在抽屉里？”

妻子：“我知道这惹得你生气，我以后注意。但是，你也要帮助我，记住把脏衣服放进洗衣盆里，好吗？”

第二天。

妻子：“我买了一块布料，你看我用它做条裙子合适吗？”

丈夫：“不错，颜色真鲜艳，给女儿做衣服的话会很漂亮的。”

这对夫妻深谙委婉的语言艺术。当丈夫提出意见时，妻子就用委婉的话给予巧妙的回答，坦然接受他意见中的合理部分，同时提出了自己对丈夫的建议，使双方都感到满意。而当妻子向丈夫征求意见时，丈夫虽然觉得妻子用这块布料做成衣服穿不太合适，但他仍很注意顾及妻子的心情，没有直白地批评她的审美观，而是把否定的意见说得委婉得体，如此便达到了有效而愉快的沟通效果，避免了很多可能发生的矛盾和冲突。

幽默二重奏

幽默是一种非常有效的沟通语言，如果你善于使用这种语言，那么你的家庭生活将变得多姿多彩。

幽默能帮助我们克服婚姻中的许多矛盾和困难，我们要学会借用幽默，在爱中演绎喜剧。

一个爱美的妻子没有和丈夫商量，就到美容院把自己的头发烫卷了。回到家后，丈夫看见焕然一新的妻子，虽然心里非常喜欢，但还是装出一副生气的样子说："你太可恶了！为什么不跟我商量，就把头发烫卷了，像什么话！"妻子也看出丈夫并没有真正动气，便幽默地说："你不是也没有和我商量，就把头顶弄秃了吗？"

在一对男女组成的美妙世界里，幽默始终扮演着一个守护神的角色。在幸福的时刻，它让爱情变得更加甜蜜；在危急时刻，它给人提供安全感；在悲剧时刻，它会引导事态向着喜剧方向发展。

在家庭生活中，夫妻之间为一些小事闹矛盾，这是很正常的。可如何化解矛盾，化干戈为玉帛，就是一种技巧了。但是可以肯定，凡是因小事闹得不可收拾，致使家庭破裂的夫妇，一定不懂得幽默。反之，懂得幽默的夫妻虽然也会遇到风波，但一般都是有惊无险，家庭大多不会破裂。

因此，想让婚姻与家庭生活的轮子更平稳地往前滚动，就可以用幽默给轮子上点润滑油。

美国前总统老布什就曾与妻子芭芭拉有一段逗趣的记录。1992 年 8 月的一天清晨，老布什在某度假别墅附近打高尔夫球，芭芭拉不在他身边。当记者问其原因时，老布什说：“她的高尔夫球打得太臭！”这番话引起记者们一阵哄笑。老布什立即补充说：“这样说不好，让我换一个说法，她没有发挥出最佳水平。”老布什还说：“我们经常是各打各的，但以后将有机会一起打高尔夫球。”当记者们把老布什的话语转告芭芭拉时，芭芭拉转了转眼睛说：“当然，他许诺要和我一起打高尔夫球，就像他常发誓要和我一起在花园修枝剪叶一样，难以兑现。”

从老布什夫妻充满幽默感的语言中，我们能够感受到的是两人之间那种亲密无间、充满默契的感情。

“废话”不废

两个人由于天天厮守在一起，话会越来越少，甚至无话可说。此时如果不有意识地说些“废话”，相互之间的沟通就会越来越少，心灵之间的距离就会越来越远，对感情的维系和加固非常不利。

这就是为什么我们常会听到一些妻子快快不乐地诉说：“我家那口子就像个木头，同他没什么话好说。”双方的关系到了这一步，就十分冷淡了。虽然双方没有争吵，没有冲突，表面上看起来非常平静，在外人眼里可能也是美满幸福的一对，但是谁又知道他们内心的苦恼呢？

因此，要学会说一点“废话”。“废话”有时不但不会让对方感到厌烦，甚至可以成为双方感情进一步发展的契机，成为感情生活中重要的润滑剂和调味品。

所以，现在一些婚姻学家提倡夫妻间有时要说些“废话”，就是要讲讲闲话，这样可以增进夫妻感情，把闲话、废话作为夫妻生活中必要的调味品。下班后或节假日，夫妻在一起，有时要有意识地讲讲自己单位的一些趣闻逸事，自己最近做了些什么工作，回家的路上碰到了什么人、什么事，最近的报纸杂志上在谈论什么问题，如此等等。这些家常话，做家务时可以谈，吃饭时可以谈，散步、看电影回来的路上可以谈，甚至上床就寝后还可以谈，这样双方都能以非常轻松愉悦的心情进入梦乡。

因此，人们应该对“废话”有一个重新的认识，并为“废话”正名。“废话”是双方感情交流的一种重要媒介，是单调、程式化生活的必要点缀。虽然“废话”从其本身来看并无特殊的作用，但从客观效果来看，则可起到缓冲和润滑的作用。

在现代社会，人们生活和工作的节奏越来越快，紧张度也与日俱增，工作时几乎很少有时间用来闲聊、开玩笑，回到家中说说诸如一天中的见闻之类的废话，不但可以释放工作带来的紧张焦虑，本身也是一种乐趣。通过非常放松的随意聊天，一点一滴地增加相互之间的了解，既能使夫妻之间越来越默契，还能减少误会。我们何乐而不为呢？

其实，谈话也是一种舒缓压力的有效方法。女人感觉到有压力时，常常会找人谈自己的感受及引起这些感受的问题。可是，当她觉得找别人交谈有一种不安全感时，她能找的只有丈夫了。承受着压力的妻子不求马上找到问题的答案，只是用这种方式来减轻自己难过的程度。

夫妻间感情的传递方式是多种多样的，一举手，一投足，甚至一个眼神，一个微笑，都可以成为感情的传送器。就像一台不停运转的机器有时也会卡壳，夫妻间的感情链同样会有卡住的情况。此时，“废话”就会发挥意想不到的作用，让感情链的运行重新顺畅起来。有了这样的调味品,感情生活将会变得更加充实、美好。

说服篇

三寸之舌强于百万之师

如何说服他人是我们在日常生活中经常遇到的问题，掌握说服他人的语言艺术，也就成为我们每个人的必修课。只要方法得当，并勤加训练，每个人都能掌握这门艺术。

说服他人巧开口

很多人在准备说服别人时都觉得难以启齿，其中最主要的原因是害怕被对方拒绝后那种难堪、失望的感觉。其实，说服别人并不难，只要学会说服的语言艺术，巧妙地打动对方的心，就会让对方欣然接受。

那么，想要说服别人应该如何巧妙开口呢？

先套近乎，再谈要求

在说服的过程中，谈话双方如果总是有一种距离感，就会让谈话难以融洽地进行。这时你可以通过一些技巧与对方套套近乎，让彼此之间的距离缩短。例如，要说服比较熟悉的人，就可以用对方的昵称来称呼对方，从而产生一种亲密感，需要注意的是口吻必须自然，不可让对方感觉你是在装腔作势。如果要说服陌生人或不熟悉的人，则要做到礼貌待人、主动热情，表现出一种既真实自然又落落大方的姿态，以赢得对方的好感和喜爱。两人的距离若是因此而被拉近，那么事情就很容易解决。

甜言蜜语好办事

几乎任何人都有虚荣心，当你迎合其虚荣心对他们加以颂扬时，就会让事情顺利许多。因此，要想把事情办成功，不妨多拣些对方爱听的话说。特别是要说服一些自尊心特别强的人时，这种方法效果往往更好。即使是要说服自己平时不喜欢的人，也不要吝惜赞美之词，只要不丧失原则，为了实现目标，不妨来个小小的妥协。

委婉地表达你的请求

在说服他人的过程中，总会有一些不便直说的东西，这时可以用含蓄的语言委婉地表达自己的意思，这样也容易被对方接受。当然，要做到言语委婉并不容易，需要有高度的语言修养，如运用什么语气，采用哪一种句式，运用什么修辞，以及如何遣词造句等，都要有十足的把握。这些方面把握得好，可以使对方乐意接受，且在极大程度上可以激起对方的兴趣和热情，远比直来直去地请求他人做某事要有效得多。

不妨从侧面入手

在说服他人时，如果遇到正面恳求难以达成目的的情况，就不妨从侧面入手，采取激将法等方法。例如，为了让对方动摇或改变原来的立场和态度，可以利用一些略带贬义的、有失公正的话给对方戴上一顶“帽子”，而对方一旦被戴上这顶帽子，就会产生一种极力维护自我形象的欲望，从而用语言或行动表示自己不是这样的，自动地去改变原来的立场和态度，答应自己本来没有答应的事情。

挑准时机再开口

对于很多想要说服别人的人来说，最大的苦恼在于找不到一个恰当的开口机会。其实，机会不是仅仅靠等待就能得来的，它也要靠有心人去主动创造。可以在对方空闲的时候见缝插针提出你的要求，同时要注意对方的态度、情绪等，如果对方明显情绪不佳、态度冷淡或者面露难色，就应知难而退。另外，说服别人要有足够的耐心，如果已经向别人提出了请求，暂时没有获得答复，就先不要多次重复，否则难免引起对方的反感。

需要注意的是，说服别人时对别人的反应预期不要太高，千万不要穷追猛打，非要别人同意你的要求，否则就觉得对方不够意思。也就是说，别人能做多少就做多少，不要勉强别人办很难办的事。每个人都有自己的难处，你如果能理解这种难处，就不会感到说服别人太难。

将心比心

将心比心是人们常说的一句俗语。如果每个人在生活中都能将心比心，就会对他人多一点尊重、宽容和理解，也会使人与人之间多一些谅解，少一些计较和猜疑。而当你尝试说服他人，或是对他人有所请求时，将心比心也同样适用。你不妨先避开对方忌讳的点，转而从对方感兴趣的话题谈起，而且不要太早暴露自己的意图，等到对方一步步地赞同你的想法后，他们已经不自觉地认同你的观点了。

以下这几条经验用于说服他人非常有效。

用赞赏让对方获得心理满足

每个人的内心都有自己希望得到的“社会评价”。因此，你如果能够适时鼓励、赞美别人，褒扬他们的某些能力，就可以使对方在心理上得到满足，使对方怀着较为愉快的情绪被说服。

不妨多一点换位思考

做人要学会设身处地，将心比心。许多说服工作遇到困难，并不是因为我们没有把道理讲清楚，而是由于说服者与被说服者固执地据守本位，不替对方着想。如果换个位置，站在对方的立场开展说服或者沟通工作，对方也许就不会拒绝，这样沟通就会容易多了。

尽量缩小与对方的距离

一般在上下级之间会存在一些“距离感”，这多少会给说服工作带来一些麻烦，这时上级为了有效说服下属，可以多找一些双方的共同点，缩短与下属之间的思想距离，从平等的角度出发达到说服的目的。

要说服不要压服

每个人都不喜欢被强迫，所以当别人与自己的看法相左时，切忌用自己的意愿去压倒别人、强迫别人。如果那样做，对方的反抗力就会如收紧的弹簧一样随着压力的消除而爆发。而高明的说服方法应该是以柔克刚，借事实来证明自己，使对方逐渐接受规劝与说服。

总之，只要做到将心比心，多为别人想想，包括他们的处境和感受，你就会发现说服别人并不像你想象的那么困难。

被誉为“近代科学之父”的伽利略在年轻时，就立志要在科学研究方面取得成就，因此他希望得到父亲的支持和帮助。他知道很难说动父亲，便想了一个办法。

某天，他对父亲说：“父亲，我想问您一件事，是什么促成了您与母亲的婚事？”

父亲微笑着回答道：“因为你的母亲十分吸引我。”

伽利略又问：“那您有没有爱过别的女人？”

父亲摇着头说：“没有，孩子。家人曾经要我娶一位富有的女士，可是我只钟情于你的母亲，她从前可是一位风姿绰约、令人倾慕不已的女孩。”

伽利略顺势说道：“您说得一点也没错，您一生只爱她一个。可是您知道吗？我现在也面临同样的处境！除了科学外，我不可能选择别的职业，因为我喜爱的正是科学，其他事物对我而言，都是毫无用途与吸引力的！难道我要去追求财富或荣誉？科学是我唯一的需要，甚至我对它的爱，就犹如对一位美貌女孩的倾慕。”

父亲没有想到伽利略对于科学的痴迷竟然已经到了这种地步，他说：“像倾慕女孩那样？你怎么会这样说呢？”

伽利略说：“一点也没错！亲爱的父亲，我已经18岁了！别的学生，哪怕是最穷的学生也都已想到自己的婚事，可是我却从没想过，因为别人都想寻求一位可人的女孩当终身伴侣，我却只愿与科学为伴。”

父亲始终没有说话，只是静静地听着。

伽利略继续说：“亲爱的父亲，您有才干但没有力量，可是我未来却能兼而有之，您为什么不能帮助我达成愿望呢？我一定会成为一位杰出的学者，并且获得教授身份，如此，我将因科学的存在而比别人生活得更好。”

父亲已经被伽利略给感动了，但他还是为难地说：“可是我没有钱供你上学。”

伽利略激动地说：“父亲，您听我说，很多穷学生都能领取奖学金，这些钱是公爵给的，我为什么不能去领一份奖学金呢？您在佛罗伦萨有许多朋友，交情也都不错，他们一定会尽力帮助您的，也许您能到宫廷去处理这件事，我们只需要请他们去问问公爵的老师奥斯蒂罗利希就行了，他了解我，知道我的能力！”

父亲思索了一会儿，说：“嗯，你说得有道理，这是个好主意。”

伽利略抓住父亲的手，开心地说：“父亲，求您尽力而为，而我向您表示感激的唯一方式，就是我保证自己将来必定会成为一个伟大的科学家！”

伽利略最终说服了父亲，进而实现了自己的理想与抱负。而他说服父亲的办法正是将心比心，拿父亲对母亲的挚爱比拟自己对科学的痴爱，这样父亲就更能理解他，便不会再为难他了。

“激将”说服法

有句俗话叫“请将不如激将”。激将法就是用反面的话去激励别人，将他一军，让他的自尊心、荣誉感从自我压抑中解脱出来，达到新的心理平衡。激将法对那些上进心和自尊心强的人尤其有效。在说服这类人的过程中，巧妙地运用激将法，有时能收到奇效。

激将法的使用必须以适度刺激对方的自尊心为要诀，才能达到目的。在实践过程中，运用激将法离不开以下条件。

使用激将法要因人而异

每个人的心理承受能力是不一样的。因此，运用激将法必须考虑对方的个性和心理承受能力。例如，对自尊心强的人可采用激将法对其提出较高的要求；对自卑怯弱的人一般不宜采用此法，而应以鼓励为主，即使“激将”，态度也要和善，“刺激”不宜过大。总之，决定是否采用激将法，采用何种“刺激”方式，以及用到什么程度都必须因人而异，要根据其心理承受能力，选好“开锁的钥匙”。

《三国演义》中，诸葛亮智激孙权、周瑜，促使他们痛下抗曹决心，就是很好的激将法案例。诸葛亮初到东吴，看到孙权“容貌非凡，一表人才，自知难以用言语说动”，便打定主意用激将法，最终坚定了孙权抗曹的决心。对周瑜这种心胸比较狭窄，自尊心又非常强的人，诸葛亮则巧妙地引用了曹植《铜雀台赋》中“揽二乔于东南兮，乐朝夕之与共”的句子，有效地刺激了周瑜的神经，使得东吴方面同意联合抗曹，成就了魏、蜀、吴三国鼎立的局面。而诸葛亮的激将法之所以成功，就在于他深刻分析了孙权、周瑜二人的性格，有针对性地采取激将法，达到了自己的目的。

使用激将法要看准时机

激将法如果出言过早，时机不成熟，就容易使人泄气；出言过晚，又成了马后炮，不能取得良好效果，所以在不同的时机对同一个人运用激将法，往往会产生不同的效果，有时能使其激动不已，积极奋发，有时却“激而不起”或引起消极反应。所以运用激将法一定要看准时机。例如，在对方遭受挫折之时，运用激将法显然是不合适的，应给予其更多的安慰和鼓励。在一个人得意忘形或麻木不仁之际，运用激将法则可以起到震动、唤醒的作用。另外，不少青年都喜欢在异性面前表现自己，所以在有异性在场的情况下，适当运用激将法往往会产生意外的好效果，但必须注意要有利于发挥和显示被“激”对象的特长，切不可故意揭其短处，戮“伤疤”，否则只会事与愿违。

使用激将法要注意分寸

激将法需要使用刺激性语言，但出发点要正确，应体现出对对方的尊重、理解。不痛不痒的语言当然不行，但语言过于尖刻，又会令人反感。因此，运用激将法要注意把握好分寸和感情色彩，要把褒贬抑扬有机地结合起来，而不能以讽刺挖苦、训斥埋怨代替激将，例如，“你简直不可救药”“你算完了”等这些侮辱性的语言就万万不能说。

找一顶高帽给他戴

有这样一个故事：有个京城的官吏要调到外地，临行之前他去向自己的恩师辞别。恩师对他说："外地不比京城，在外做官很不容易，你应该谨慎行事。"官吏说："没关系，现在的人都喜欢听好话，所以我准备了一百顶高帽子，见人就送一顶，不至于有什么麻烦。"恩师一听这话，非常生气，以教训的口吻对学生说："我反复告诉过你，做人要正直，对人也该如此，你怎么能这样？"官吏说："恩师息怒，我这也是没有办法的办法，要知道，天底下像您这样不喜欢戴高帽的能有几人呢？"话一说完，恩师就得意地点头称是。官吏走出门后，忍不住笑着自言自语："谁说高帽没有用，现在我已经送出去一顶了！"

上面这个故事虽然是个笑话，却说明了一个道理，那就是谁都喜欢听赞美的话，就连那位教育学生"做人要正直"的老师也未能免俗。从这个故事也可以看出，给人戴一顶高帽子，是老少通吃的法子，因为每个人都渴望得到他人的认可，用高帽攻心，自然能收到预期的效果。所以我们想要说服别人，希望别人按照我们的意愿去做某件事，不妨给他找一顶高帽戴，这样，他便会主动、积极地去做这件事。

世人总是喜欢被别人奉承，即使明知对方讲的是奉承话，心中还是免不了会沾沾自喜，这是人性的弱点。其实，高帽就是美丽的谎言，既取悦了别人，又帮助了自己。不过，戴高帽要让人乐于相信和接受，就不能把话说得太离谱，让人一听就知道是假的。另外，高帽要高雅，不能俗不可耐，让别人倒尽胃口，而且也不能过白过滥，毫无特点。由此可见，高帽要戴得好，戴得巧，还真不是一件容易的事。

因此，在试图说服他人之前，先别急着拿出你的高帽子。如果你对对方不是那么熟悉，就不要过早下结论，而应察其言，观其行，等到掌握了他的真实情况后再决定给他戴一顶什么样的高帽。只要挠到对方的心窝里，对方就会心情舒畅，通身舒坦，在你提出要求时就会爽快得多。

总的来说，“戴高帽”是一种能够很好地达到目的的方法，在适合的时候不妨用一下。

有针对性的说服术

“知己知彼，百战不殆”这句老话，是很有道理的。战争如此，说服人也是如此。在说服对方之前，必须透彻地了解被说服对象的有关情况，以便有针对性地进行说服工作。

比如，不同性格的人可以接受的说服方式和对他人意见的敏感程度是不一样的。富有开拓精神的人就很容易被新点子吸引，尤其是大胆原创的点子；小心谨慎的人会一丝不苟地研究每一个细节之后再做决定；多疑的人会对每一则信息都高度怀疑，很少相信不符合他们世界观的看法；喜欢盲从的人的决定主要是根据所信任的人（包括他们自己）过去在类似情况下的决定而做出的。凡此种种，都是需要你在说服对方之前加以了解的，只有了解了对方的性格，才能有针对性地开展说服工作。

再比如，对方的长处、能力也可以成为说服时的一个突破点。一个人的长处就是他最熟悉、最了解的领域。有人擅长语言，有人擅长交际，有人擅长计算等。在说服一个人的时候，就可以从这些方面入手，这样对方容易理解，也容易被说服。与此类似的是从对方的兴趣爱好着手展开说服工作，如有人喜欢绘画，有人喜欢音乐，还有人喜欢下棋、养鸟、集邮、书法、写作等。人人都喜欢谈论自己感兴趣的事物，从这些方面入手就可以打开他的话匣子，这时再对其进行说服，可以较容易地达到说服的目的。

除此以外，在说服他人的时候要注意察言观色，观察对方的情绪状况和思维、想法。一般来说，影响一个人情绪的因素一是谈话前因其他事而产生的情绪，二是谈话时他的注意力正集中在哪里，三是他对说服者的看法和态度。所以，说服者在开始说服之前，要设法了解对方当时的思想动态和情绪，这对说服的成败而言是一个重要的环节。

凡此种种，我们都应事先做好准备，从而有针对性地采取说服方式。了解一个人是有许多学问的。许多人不能说服别人，是因为他不仔细研究对方，不研究用适当的表达方式，就急忙下结论，还以为一眼看穿了别人。这就像那些粗心的医生，对病人病情不了解就开了药方，当然没有不失败的。

在这个口才越来越重要的时代，你可以说服他人，也可以被他人说服；你可以引导别人，也可以被别人引导！如果你立志追求成功，那就努力争取主动权，争取说服他人，而不是被他人说服。

一个制造厂商为了说服一家医院购买一套医疗设备，就给这家医院的主任医师寄了一封信，内容是："我们的工厂最近生产了一批新型的X光设备，这批机器的第一部分刚刚运到我们的办公室。它们并非十全十美，所以，我们想对其加以改进。因此，如果您能抽空来看看它们并提出宝贵意见，使它们能对医疗行业有更多的帮助，我们将十分感激。我们知道您十分忙碌，我们会在您指定的任何时候，派车子去接您。”

接到这封信后，那位主任医师感到十分惊讶，因为以前从没有厂商向他询问过这方面的意见，所以这封信让他一下子感到了自己的重要性。因此，他抽空去看了看那套设备，结果他越研究就越喜欢那套设备。最后，厂商虽然没有直接向医师展开销售攻势，但医师自动向医院建议买下了一整套设备。

谁也不喜欢被迫行事，所以最高明的说服技巧就是让对方觉得自己是出于自愿。在上面这个案例中，制造厂商就采用了一种有针对性的说服术，从主任医师的专业知识出发，表达了对他专业素养的尊重和认可，从而成功地“说服”了医师，让医院自愿购买产品。

巧设圈套，请君入瓮

怎样利用行之有效的方法和技巧去说服他人，从而改变他人的思想、态度和行为，这是人们经常遇到的一个现实问题。在很多情况下，直接说服别人往往难以奏效，事实上，对于人们不愿意做的事情，一定不要强求。但如果你能够采用一些技巧，设下“圈套”，就能让人在不知不觉中按照你的意愿行事。

以下这些方法都是可以用来说服那些最难说服的人的。

多给对方一个选择

当对方对是否去做你希望他去做的事难以定夺、犹豫不决时，这一招往往能立即见效。你需要做的是将“要不要做”这个较难的问题搁在一边，而直接通过发问让对方考虑“这件事该怎么做”，并向对方提供几个具体的方案让其选择。这种技巧的奥妙在于转移对方的注意力，使之产生错觉，以为“要不要做”的问题已不存在，要解决的只是“怎样去做”的问题了。一旦他选择了你所提供方案中的一个，你的目的不就达到了吗?

以退为进，迂回达到目的

如果对方很难接受你的请求，就不妨在提出请求之前，先提出一个更大的更令人觉得不可思议的请求。当这一请求不出所料地遭到对方的拒绝时，你便以折中的口气提出自己本来的请求，这样对方在已经拒绝过你一次的情况下，也就不好意思再拒绝你了。而且两次请求相权衡，对方会很自然地选择后者。这样看似退让，但本来很难达到的目的就实现了。

激起对方的恻隐之心

对于平时严厉又很讲究原则、不轻易让步的人来说，想要用有道理的话来说服他几乎比登天还难。这时你不妨放下身段，扮出几分可怜相，用哀伤的口气将你的痛苦、困难、无奈尽情地展示给对方。有道是“人非草木，孰能无情”，对方很容易被真情打动和说服。

满足对方的心理需求

现代心理学指出，人的行为的驱动力是动机，而动机的基础是需求。所以，只有从满足人的某种需求入手，激发其相应的动机，才能使人做出相应的行为。例如，一个故事中讲到，有些妇女喜欢戴较高的帽子到电影院看电影，但这样会遮挡后排观众的视线。电影院工作人员起初只是一味地请求那些女士脱帽，但她们并不理睬。后来，一位工作人员在广播中说："本影院照顾年老的女士，只有她们可以不必脱帽。"广播一出，电影院中所有的妇女都摘下了帽子。每个女性都希望自己年轻，而讨厌别人把她们看作老妇。那名工作人员正是针对这一心理特点，从反面激起了这些妇女维护自己年轻形象的心理需求。由此可见，在说服别人时，只要准确了解了对方的心理需求，并采用适当的方式予以激发和满足，就能达到你预期的目标。

推导可能发生的结局

想要说服比自己职位高、年龄大的人更是一件不容易的事。那些位高权重、经验丰富的人往往比较自信，而且做事往往独断专行。在这种情况下，你可以采用推导可能结局的方式，从对方准备做出的决定出发，合乎逻辑地推导出最可能产生的后果，从而引起对方内心深处对你观点的认同，达到说服的目的。

林玲的婆婆来自偏远山区，由于观念和生活方式的差异，婆媳二人经常出现摩擦。其实，林玲的本意是好的，却经常苦于无法说服固执的婆婆。

有一段时间，婆婆生病了，食欲不振，看上去脸色也不大好。林玲非常担心，几次要带婆婆上医院瞧瞧，可是老人却说自己活了一辈子从来没上过医院，有病自己就能扛过去。而且自己一把老骨头了，没必要再花“冤枉钱”。这可把林玲急坏了，丈夫出差在外也帮不上忙，她该怎样才能说服婆婆呢？

一个周六的早上，吃完早点，林玲冷不丁地说道：“妈，我今天不上班，准备带您去查查身体。您说是去小区的医院好还是去大医院好呢？”

没等婆婆回答，林玲就紧接着补充道：“都说大医院环境好，设施先进，门诊上又都是老大夫，对老人的态度很和气。小区医院嘛，那就不好说了……您老人家决定吧，咱们去哪家医院呢？”

“这么说，咱们就去大医院吧。”讳疾忌医的老人竟不知不觉地顺从了儿媳的建议，做出了去医院就诊的决定。

林玲所用的就是“限定选择，逼人就范”的说服技巧，巧妙地给婆婆设下了一个圈套，将她不知不觉地绕进“去哪家医院”而不是“去不去医院”的问题中，结果婆婆一时之间也没有反应过来，便十分“配合”地选择了去大医院就诊，从而让一个棘手的问题轻松解决了。

“顺毛摸驴”最省劲

我们经常会碰到一些脾气特别犟的人，他们任性、固执、骄横，软硬不吃或者吃软不吃硬，要想说服这类人可真不是一件容易的事。这时候你绝对不能说出你的真实目的，否则“犟驴”发脾气你就要吃不了兜着走。所以你必须隐藏你的真实目的，采取“顺毛摸驴”的方式，顺着他的性情、脾气、观念说他爱听的话，就不会遭到他的抗拒，反而会使他敞开心扉，接受你的请求。

那么，怎样才能做到“顺毛摸驴”呢？

让对方畅所欲言

大部分人都有表现欲，如果他在社会上已有一些成绩，就更有不可压抑的表现欲。当他滔滔不绝地发表自己的观点时，你就不要插嘴，满足一下他的表现欲。与此同时，你也可以借机了解一下他的个性、观念等，找出他“犟”的原因，然后有的放矢地迎合他，使他感到与你相处是一件非常愉悦的事情，这对其后的说服工作自然是大有好处的。

不要与对方辩论

如果对方说的话你不能同意，也不要与之辩论，除非你们是好朋友。如果你知道他的话另有目的，更不宜和他辩论，因为这些事情并不能辩得明白，而且很可能使双方越辩越气，最后不欢而散。如果你辩倒对方，更可能造成关系的中断，根本达不到说服的目的。因此要时刻谨记，辩论不是你的目的。

不要吝惜你的赞美

人人都喜欢被称赞，称赞其实也是“顺毛摸驴”的一种方法。称赞什么好处呢？其实只要你善于观察，就会发现很多可以称赞的地方，如对方的观念、见解、才能、家庭等。反正对方有可能引以为荣的事情都可以称赞，这种做法所费不多，效果却非常惊人，对于那种个性倔强、脾气不好、主观性很强的人往往特别适合。

引导对方按照你的意愿行事

做到前面几点，你已经充分赢得对方的心了，这时就可以适时地说出你的真正目的，但要注意方式方法，不要让对方感到不快，以致前功尽弃。例如，你应该说“我很同意你的观点，不过……”或“你的立场我能了解，可是……”，先站在对方的立场上，再提出自己的观点。在对方听来，你好像一直都在顺着他的心意说话，可实际上，你已经不动声色地达到了自己的目的。

不过，这并不是要你凡事都顺着别人，做一个没有自我的人，果真如此，那你就成为别人的影子了。“顺毛摸驴”只是方法，而不是目的，你如果能熟练地运用这种方法，别人就会在不知不觉中受到你的影响，甚至接受你的意见。

在1949年上海解放后，陈毅担任了上海市的第一任市长。由于受到西方社会的制裁和封锁，当时的上海面临着一些严重困难，其中之一就是青霉素等以前依靠进口的医药用品出现了严重短缺。面对这一情况，陈毅想请当时上海一位很有名望的化学家齐仰之先生出山，靠中国人自己的力量制造青霉素。但这位齐老先生是一位典型的知识分子，长期远离政治，痛恨官场的腐败。在国民党统治时期，政府多次请他出山都被其婉言谢绝。陈毅先后派了几位同志去请他，结果也都铩羽而归。为此，陈毅决定亲自上门拜访，以求对方答应。

这次会见刚开始时，陈毅并没有直接谈青霉素的问题，也没有提请齐仰之出山的事，而是饶有兴趣地和这位化学家谈起了化学和化工方面的知识。齐仰之一听立即来了兴趣，没想到这位赫赫有名的大将军不仅能打仗，还懂化学。就这样，双方迅速找到了共同的兴趣点，相谈甚欢。在愉快的交谈中，时间很快就过去了半个小时。此时陈毅心里已经知道了该如何做，他说：“齐老先生，今天打搅您不少时间，改天我再登门拜访。下一次，我还要和您谈化学，而且要谈一门您不熟悉的化学。”这句话立刻让齐仰之大感兴趣，他心想，我研究了一辈子化学，什么化学不知道，还有我不熟悉的？于是，他无论如何都不放陈毅走，说：“别下次了，咱们现在就开始谈，谈到天亮都行！”陈毅接着说：“您研究的是自然界的化学，我要谈的是我们共产党的化学，叫作社会变化之学。”

抓住了这一时机，陈毅痛批国民党的弊病，陈述共产党的主张，比较新旧社会的变化，畅谈建设新上海的构想。就这样，双方越谈越亲近。最后，陈毅见时机成熟，终于和盘托出了此行的目的，他说：“您以前不愿意出来做事，那是在腐败的旧社会。今天，我们请您出来做的是利国利民的好事，请您看在老百姓的分上，帮帮我们吧！”陈毅的诚恳终于打动了齐仰之，他爽快地答应出来帮助政府制造青霉素。

陈毅在说服齐仰之的过程中，表现出了高超的沟通技巧和卓越的沟通能力。面对齐仰之这个“犟”人，陈毅不急于直接说出自己的目的，因为他知道这样做是不会有理想结果的。他采用“顺毛摸驴”的办法，顺着对方的喜好去说，达到了说服的目的。

演讲篇

当一回出色的演说家

演讲需要演讲者把思想、感情、语言、声音、表情、姿态等一系列因素融为一体，这就是演讲的艺术。只有掌握好这门艺术，才能有效地与听众进行交流，才能引起听众思想和感情上的共鸣，形成一种大家都置身局内的氛围。

开头抓住听众的耳朵

演讲的开头，是在演讲者与听众之间搭建的一座桥梁，在演讲中起着不可低估的作用。如果能够在最初十分钟内吸引住听众，后面的演讲就将变得很容易。因此，开始讲的前几句话，就应设法抓住听众的耳朵。

为此，我们首先应当按照听众特点选择一个合适的开头，这是因为什么样的听众就需要什么样的开头，如果听众都是受教育程度比较低的普通民众，那么我们的开头就需要浅显易懂，少用专业术语；如果听众是有专业素质的群体，那么就可以深入地直奔主题。只有这样才能定好演讲的基调，也才能够自如地与听众交流。另外，如果演讲的内容涉及一些专业名词，那么演讲开头可以先为听众解释这些关键术语。例如，发表公共关系方面的演讲，就可以以这样的方式开头："所谓公共关系，简单地说，就是指组织机构与公众环境之间的沟通与传播关系……"如此一来，听众就不会再有接受障碍，演讲的内容也就能够深入人心了。

定好了演讲的基调后，你就可以选择合适的开头方式了，以下这些方法都不失为好的选择。

开头陈述一个让人惊奇的事实，能够引起听众的警醒。例如，在关于节约水资源的演讲中，就可以这样开头："假如每人每天节约一滴水，一年 365 天，全国人民一年节约的水就可以把一座大型水库充满。"这样就能使听众认识到节约水资源从现在做起、从点滴做起的重要性。

在开头直接提出一个发人深省的问题，或是一个人们普遍关注的、急切需要解决而一时又难以解决的问题，构成"提问式"开头。这样听众就会因为急于知道答案而顺着你所提的问题去思考。值得注意的是，提出的问题要新颖，不要过于简单，尽量提一些能给听众教益和启发的问题。

引用名言警句作为开头，对听众有一种很强的吸引力。不过引用名人的话一定要恰当，要符合情境，否则就无法产生应有的感染力。

用风趣幽默的话作为开头，可以使听众在开心一笑的同时集中注意力，更好地听讲。

用一则故事开头，会让听众觉得非常生动。但演讲者要注意讲故事的语气不可过于平淡、呆板，而且所选用的故事也应注意和自己的谈话内容相衔接。

用涉及听众切身利益的话开头，能够引起听众的关注和重视，使得演讲者与听众产生共鸣，就可以深深地吸引住听众。

总之，开头的方式多种多样，演讲者所要做的就是根据不同场合、不同话题和不同对象，选择合适的开头，从而抓住听众的耳朵，打动听众的心灵。

在一次演讲比赛上，很多演讲者都采用了模式化的开场白，几乎每一位选手在演讲开头都会这么说：“大家好，我演讲的题目是×××。”接着便是尽情地抒情、喊口号，看上去就像在演戏，台下的听众早就听得昏昏欲睡了。

这时，一个小伙子走上讲台，他先向大家鞠了一躬，接着开口说道：“今天出现在我的演讲中的人物只有33岁，他是县计生委副主任李继忠。你很可能会认为这样的人物不够分量，不符合今天的场合。是的，让一个只有33岁的人出现在今天的演讲中的确不够分量，他没有做过什么惊天动地的大事，有的只是非常平凡的事：在自己的本职工作中，踏踏实实地为群众办好每一件事情。然而，正是这样一种努力踏实的工作作风，兢兢业业的工作态度，正是这样的平凡，深深地吸引了我，让我走近他，了解他。因此，今天，我演讲的题目是《铸造平凡》。”

这个演讲者采用了先抑后扬的方法开头，引起了听众的兴趣。在演讲开头，他已经表明了自己要歌颂的不是什么英雄、伟人，而是一个和大家一样的平凡人，而且这个平凡人还非常年轻。这就很容易唤起听众的共鸣，也让听众倍感亲切。

文采飞扬显魅力

成功的演讲能够打动人，引起听众共鸣的原因之一是文采飞扬的演讲语言。演讲语言是整个演讲的基本载体，只有语言生动、洗练，富有较强的艺术感染力和逻辑说服力，才能使听众心悦诚服。这就要求演讲者重视语句的锤炼，做到长短句结合、整句与散句结合，同时应适当运用对偶、排比、比喻、夸张等修辞手法，这样的语言读起来就有朗朗上口、铿锵有力之感，听众听起来也会精神振奋。

具体来看，好的演讲语言应该满足以下几个要求。

适当穿插运用修辞手法

修辞手法是语言艺术之花。演讲要吸引、感染和说服听众，灵活运用各种修辞手法是一个有效的途径。例如，不少高明的演讲者常常会运用比喻的修辞手法使复杂的问题变得浅显易懂，使深奥的道理变得生动直白，使本来呆板的表述变得活泼灵气，听起来非常舒服。在一场名为《挫折大学》的演讲中，演讲者为了吸引听众的注意力，在开场巧妙运用了比喻手法："女士们，先生们：我不希望大家坐在这里看我如何表演，我希望大家能够坐下来倾听。我只是一辆送货的车子。当货车到达你们的家门口时，你们感兴趣的一定不是货车的外表，而是货车里的商品。你们知道，有时一辆破旧的车往往送来一些相当不错的商品。因此，在这次演讲中，请大家不要过多地关注这辆货车的外观，不要过分在意它的破烂不堪，也不要过分在意它的嘎吱作响，更不要过分在意商品的包装与捆扎的绳索。走进车里去看看商品吧！我相信你们一定不会失望的！”这段极富文采的开场白引起了阵阵掌声，使得听众对接下来的演讲内容充满了期待。演讲者将自己比作一辆外表不起眼，但装载着优质商品的货车，提醒大家听演讲也要像平时购买商品一样，不要光看外表，而应该注重实质。借助这一比喻，演讲者既向听众传达了自己虽不是什么名人，但演讲很值得一听的信息，又避免了因为说得过于直白而给人留下“王婆卖瓜，自卖自夸”的印象，激起了人们继续听下去的兴趣。

长短句结合产生节奏美感

演讲者的声音稍纵即逝，要想在听众心中留下印迹，必须强化语言的听觉冲击力。有经验的演讲者很注重利用句型、句式的巧妙组合，从整齐中求变化，在常规中求个性。如一位演讲者在竞选人事处处长时这样说道：“假如我是人事处处长，我要按照人尽其才，才尽其用的原则，力革时弊，开拓前进，奏起我的用人‘三部曲’。第一部曲叫作招才有方。我当了人事处处长后，首先烧它个‘三把火’。第一把火，宣布我招才的六个原则：一不用胡子长短衡量人的能力，二不以资历深浅为录用的依据，三不把文凭视为水平，四不以档案看人，五不因犯过错误而把人全盘否定，六不以有争议而弃之不用。第二把火，确定我的招才观。要敢于招揽那些虽有缺点，但个性突出、热情实干、勇于探索、勤于钻研的开拓型人才。俗话说，人无完人，金无足赤。任何人都不可能十全十美，没有一点缺点。能力往往和缺点连在一起，失误也常常和成绩结伴而行。关键是要弃其短，用其长，扬长避短。因瑕掩瑜，弃之不用，大错特错……”这段演讲词自然而然地变化着句型，显得气势浩荡，文采飞扬，长短句交错运用，增强了演讲的节奏感，加强了演讲的气势。

穿插闲话舒缓听众情绪

闲话实际上能对演讲起到“绿叶”配“红花”的作用，闲话听起来轻松舒缓，能够让听众的情绪得到短暂的放松，可一瞬间，演讲者又将看似信马由缰的闲话导入正题，于是听众豁然开朗，领悟到“闲话”不“闲”，而是在为演讲的中心和主题思想服务。这样听众很容易受到演讲者的感染，不知不觉地随着演讲者设定的情感轨迹而发生着情感的变化。美国前总统里根就善于采用这样的办法引导听众。在一次名为《最后一次演说》的演讲中，他说道：“黄昏？那是不可能的，因为我坦白承认有时我觉得我还是个小伙子，在和弟弟比赛，看谁先从山上跑到罗克河铁路桥下可以游泳的小水湾。要知道，哪一天也比不上新的一天更美好，因为在我们国家，它意味着你身上会发生某种奇迹。”里根从自己已进入人生的“黄昏”说开去，看似闲聊，可这些闲话正是为下面的话作铺垫：“我们曾经在一起为我们热爱的事业而战斗，但是我们绝不能让火焰熄灭，或者退出战斗，以为战斗永远不会结束，我们必须一次又一次捍卫我们的自由，一次又一次！我愿留下我的电话号码和地址，一旦你们需要一名小卒，只需说一声，我招之即来，只要一息尚存，只要我们可爱的国家在这个最辉煌的时刻还在不断进取求新。”如此一来，“闲话”与演讲内容完美融合，使演讲的文采更加充盈，气势更加恢宏。

用哲理拔高思想层次

有哲理的语言闪耀着智慧之光。提炼哲思短语，既可以看出演讲者对主题的深刻理解，又体现了演讲者在质朴中求深刻，在含蓄中表真意。“……尽管自己是卑微的，但我从不敢让现实中的尘埃落满自己的双肩。我不停地拍打着、擦拭着，把双肩留给责任。一个人只要担起属于自己的责任，即使再卑微，也是卑微的强者。我们别无选择，这是我们香格里拉人注定应承担的守望者的责任！一切都不能成为理由，贫穷和财富都不能阻碍我们深邃地去思考！我们本来就是心志在天的雄鹰，我们不能为有限的食物而钻进鸟笼。”以上这段文采飞扬的演讲词蕴含着深刻的哲理，且饱含深情，令听众不由得为之动容。

名言润色，警句生辉

在演说中引用名言是利用了人们崇拜名人的心理，而且，名言一般精粹洗练而寓意深刻，它蕴含着丰富的哲理和激情，有画龙点睛的作用。陆机在《文赋》中说："立片言而居要，乃一篇之警策。"也就是说，在文章的关键处要用一句或几句警句来点明题意，一篇文章中如果没有警句是不能打动人的。演说也是这样。

在演说中适时插入名言警句以使演说生辉。如《我的心愿》演说者袁学锋用诗一般的语言表述了自己的志向："人生与社会相依存，生命在奋斗中放光彩。""没有辛勤的耕耘，哪得果实满仓？没有艰辛的汗水，哪会有禾苗茁壮？"解放军战士王春霞在演说《青春之歌的作者该是谁》时说："我们每个人都是青春之歌的作者，而我也在谱着自己的青春之歌。""真正的理想只有建筑在现实生活的基础之上，才能展示出它丰富的美的内涵。"这些精警之言来自沸腾的生活中，是演说者对人生的深沉思索的结晶。那些最先朝气蓬勃地投入生活的人，那些置身于复杂多变的斗争中的人，才能找到真正的、行之久远的警句。当然，使用名言警句应该从演说中的人、物、事中自然而然地发展引出，要运用得当，不能为讲名言警语而讲，故作卖弄，否则就显得做作了。名言警句只有经过自己的思索并化为有血有肉的东西，才能显出勃勃生气，才可以为演说增辉。

在文章中，往往利用名言警句作为自己的立论根据或者反驳理由，演说中也可以借鉴这种手法，增强演说的说服力。

名言警句对于深化演讲主题有重要的作用。但在演讲中应该注意以下几个方面。

要尽量引用原文，不要以讹传讹

有很多名言警句都是通过间接材料得到的，如果演讲需要引用时，有条件的应尽量查一下原文，防止出错。否则当众出现这样的错误很可能会被嘲笑。

要核实出处，不要张冠李戴

如果同一句话两个名人都说过，那就要看是谁引用谁的。引用时，最忌讳的是张冠李戴。比如把但丁的话当成是莎士比亚说的。像这样的错误会给人留下才疏学浅的印象，常常导致你整个演讲的失败。

少用“据权威人士说”

“据权威人士说”这句话几乎成了大家的口头禅。然而，这句话实际上十分空洞可笑。因为稍加追究，“据权威人士说”中的权威人士是谁呢？必须指出他的姓名来才对，要是不知道他是谁，又怎么知道是他说的呢？所以，用权威人士必须说得详细而确切，这样才能使听众相信你所引用的话的权威性。

引用名人的话

喜好或憎恶的感情，往往会影响人的判断力，如果演说者引用的名人为听众所厌恶，听众必然要发出“嘘”声。反之，引用受欢迎的名人的话，听众听了十分入耳，自然就不会有人来反对了。

引用有资格讲这话的人所说的话

人们都有自我的角色意识。同样的话，不同的人说出来，口气也不同。若想引用别人的话，你应该先自问：这个人是否有资格讲这样的话？例如，讲成功经验，若引用一位卓有成就的人士说的“我相信，一个人要想在事业上获得成功，真正的秘诀，不外乎对那项事业热爱并有所专长。就我自己的经验来说，我的成功，是因为我选取了一种热爱的职业并努力去做”就十分贴切，因为他本身就是一位事业上的成功者。但如果同样的话从一个碌碌无为的人口中说出，效果肯定不好。演说者即使听到他这样自夸，也最好不要引用他的话。

很多外国政治家在写文章或发表演讲时，喜欢引用来自中国的名言警句。美国前总统里根就曾在一篇国情咨文中引用了老子的名言“治大国若烹小鲜”，引起了强烈反响。

“烹小鲜”就是烹调小鱼，老子的这句话是用烹鱼比喻治国。小鱼很鲜嫩，用刀乱切或在锅里频频搅动，肉就碎了。所以，治理国家要像煎小鱼那样，不要常常翻弄，时间不能过长也不能过短，要恰到好处，这样煎成的鱼好吃亦好看。这句极其简单的话语却蕴含着丰富的哲理，耐人寻味，也极好地说明了里根的施政理念。

无独有偶，委内瑞拉总统查韦斯也非常喜欢引用毛泽东的名言，如“帝国主义是纸老虎”“战略上要藐视敌人，战术上要重视敌人”等。此外，孔子的“既来之则安之”等中国人耳熟能详的名言也常被外国政治家挂在嘴边。

外国政治家善于引用中国的名言警句，除了能够显示自己的文化修养外，更能借助名言警句中蕴含的深刻哲理和宝贵的人生经验，增强文章和演讲的说服力，使内容更为丰富生动。

三分钟演讲最精彩

演讲不一定是滔滔不绝的长篇大论，在现实生活中，很多场合如会议、竞选等，也同样需要演讲者在众人面前表达观点、交流看法，而且这种演讲由于时间限制只能是非常短暂的“三分钟演讲”。但是千万不要小看这短短的三五分钟，它同样可以展现一个人的口才、学识、风度、思想等，三分钟演讲做得好，同样可以让听者产生共鸣。那么，怎样才能做好这短暂而重要的三分钟演讲呢？

做好充足的准备

想让演讲精彩，就离不开日常生活中充分的准备。这些准备包括积累知识、训练发音、锻炼语速等，而其中最重要的是积累知识。因为无论是事先安排好的演讲还是即兴发挥，都不可能是无源之水，无本之木，没有丰富的知识底蕴，是不可能说出精彩的语句的。所以，只有平时多阅读，多学习，了解天下大事，陶冶人文情怀，充实拓展知识，并利用读书笔记、摘抄、诵读等形式加以巩固吸收，才能做到在演讲时信手拈来，将自己的魅力充分地展示给听众。

开头就要引起别人的注意

精彩的三分钟演讲离不开一个引人入胜的开场白。不过，演讲的开场白最不易把握，要想凭三言两语抓住听众的心，并非易事。如果在演讲的开始听众对你的话就不感兴趣，注意力被分散了，那后面再精彩的言论也将黯然失色。优秀的演讲者总会根据演讲内容、演讲对象、演讲场合，选择一个吸引人的开场白，建立起与听众之间的情感联系，待场面打开，再引入正题。例如，台湾影视艺术家凌峰在一次做节目时就以这样一段妙趣横生的话作为开场白："在下凌峰，虽然获得过金钟奖最佳男歌手称号，但我以长得难看而出名……一般来说，女观众对我的印象不太好，她们认为我是人比黄花瘦，脸比煤炭黑。"这段开场白给人们留下了非常坦诚、风趣幽默的良好印象，是成功的三分钟演讲的绝佳范例。

有意识地控制演讲的时间

三分钟演讲经常是由于时间所限而进行的言简意赅的演讲，因此演讲者要注意控制时间，否则时间太长，不仅会影响既定活动计划，也会让听众很不耐烦，不但无法打动人心，还可能给听众造成演讲者在卖弄学识或是进行自我表演的感觉。所以演讲者平时可以进行时间控制方面的训练，以更好地把握时间。例如对一个任意设定的主题进行三分钟的表述，如果三分钟内仍无法将所要表达的内容讲清楚，那就意味着你对演讲时间的把握还不过关，应坚持不懈地练习到能在三分钟内将内容重点表达清楚。

美国前总统林肯就职之初，经常因为出身卑微而受到议员们的冷嘲热讽。在一次演讲开始前，一个出身名门的参议员站起来说："林肯先生，在你演讲之前，我希望你记住，你是鞋匠的儿子。"台下顿时响起了一阵不友好的笑声，林肯却表现得异常平静。他等大家的笑声停止之后，从容地开始了自己的演讲，只不过，他临时更改了自己的演讲词，做了这样一个精彩的三分钟演讲："我非常感谢你使我想起了我的父亲。他已经过世了，我一定永远记住你的忠告，我永远是鞋匠的儿子，我知道我做总统永远无法像我父亲做鞋匠那样做得那么好。"这番话让台下的窃窃私语声止息了。林肯又坦然地面对着那个傲慢的参议员说："据我所知，我父亲以前也为你的家人做鞋子，如果你的鞋子不合脚，我可以帮你修改它，虽然我不是伟大的鞋匠，但我从小就跟父亲学到了做鞋子的艺术。对参议院里的任何人都一样，如果你们穿的那双鞋是我父亲做的，而它们需要修理和改善，我一定尽可能地帮忙，但是有一事可以肯定，我无法像他那样伟大，他的手艺是无人能比的。"说到这里，林肯流下了眼泪，三分钟的演讲，竟使所有的嘲笑声全部化成掌声。

面对恶毒的嘲讽，林肯没有反唇相讥，而是顺水推舟告诉对方，他并不以作为鞋匠的儿子而感到羞耻，相反，还为之自豪。因为他认为，无论是做总统还是做鞋匠，都只是不同的职业而已，父亲在鞋匠这个职业上成绩卓越，与一名总统相比也毫不逊色。林肯用精彩的三分钟演讲成功地化解了尴尬，也让所有人为他的口才、风度和品格所倾倒。

引发情感共鸣

演讲者发表演讲的目的，就是要吸引、说服、鼓动、感召听众，因此，如何引发情感共鸣，从思想深处征服听众，就成为演讲者最为关注的问题。在这方面，有很多经典的案例值得我们学习。

例如，1883 年恩格斯在伦敦参加马克思的葬礼时，在墓前做了一番感人至深的演讲，其中有这样的语句："3 月 14 日下午两点三刻，当代最伟大的思想家停止思想了……永远地睡着了。"恩格斯不说"逝世"而说"停止思想"，说"睡着了"，表达了对伟大革命导师去世的巨大悲痛，渲染了悼念的气氛。

又比如，1941 年 7 月 3 日，斯大林的一篇广播演说，向苏联人民和全体红军作了投入反法西斯战争的总动员，在伟大的卫国战争中起到了不可估量的作用，斯大林充满号召力的演讲产生了"一人之辩，重于九鼎之宝；三寸之舌，强于百万之师"的效果。

不过，想要引起听众的情感共鸣，并不是一件容易的事情。因此，为了完成一次完美的演讲，事先就必须做好充分的准备，就好像建筑施工必须有蓝图才能够顺利进行一样。例如，演讲者在演讲之前要对听众有一定的了解，为演讲的有关内容、方式等构想出一幅蓝图，或藏于脑中，或付诸笔端。如此预备妥当，演讲起来，方能舌绽春蕾，口吐莲花，顺畅流利，优雅动人。另外，演讲者还要明确为什么而演讲，有了明确的目的，说话才能说到点子上。演讲要有一个明确的中心，主题集中，观点鲜明，才能给听众留下清晰而深刻的印象。然后演讲者就要为演讲寻找合适的材料，材料必须能充分地支持观点，才能令人信服。为此，最好选用亲身经历或最熟悉的材料，也可以引用经典名言、权威言论、数字、相关知识等。

以上说的是演讲前要做好的准备工作，而在演讲的过程中更要注意很多细节问题。比如，一个精彩的开场白能够引起听众的兴趣，赢得他们的好感，使演讲顺利地切入正题。在演讲的正文中，则不妨设计几个醒目的问题，自问自答，这将会大大增加语言的魅力，产生戏剧化的效果。除此以外，在演讲正文里制造几个高潮也是非常必要的。林肯的葛底斯堡演讲不到 3 分钟，听众 5 次鼓掌。演讲就应当这样，尽可能地制造几次高潮。这样才能充分地感染观众、打动观众。

某大学邀请一位学术泰斗做一次演讲，当老人来到礼堂时，却发现台下听众寥寥无几。原来，隔壁正同时举行青年歌手大奖赛，吸引了不少同学前去观看。老人发现过道上站着不少学生，可见这是心中犹豫不决的听众，他决定争取这部分人，于是便放弃了原来的开场白，这样讲道：“同学们，今天首先是你们鼓舞了我，你们放弃了青年歌手大奖赛，来这里听我演讲，这说明你们严肃地做了选择，在说的与唱的之间，一般人选择了唱的，而你们却选择了说的；在小伙子、小姑娘和老头子之间，一般人选择了小伙子和小姑娘，而你们却选择了我这老头子。这说明你们认定说的比唱的好听，老头子比年轻人更有魅力，这使我产生了一种返老还童之感。”

这番话一出口，礼堂里立刻响起了热烈的掌声，过道上的人挤进了座位，后面的人又挤进了过道。

这次演讲之所以能够取得良好的效果，是因为老人善于引发情感共鸣，先把说与唱、年轻人与老头子进行对比，再把一般人与听众在二者之间的选择作对比，既褒扬了听众，又巧妙地展现了自己的睿智，同时引起了听众对演讲的高度重视，从而与演讲者产生了心理上的共鸣。

弥补口误有妙招

在日常的人际交往过程中，谁都无法避免言语失误的发生。如果只是一般性的交谈，出现口误人们最多一笑了之，可在很多严肃、正式的场合，如发表正式演讲时，发生口误的后果就可能不妙了。有的人为了维护自己的面子，在发生口误后仍死守自己的“城堡”，结果一错再错，让自己的形象受损。而一些精通口才兵法的人却善于采取补救措施，来尽力挽回言语失误造成的难堪局面，既不会贻笑大方，又能避免很多不必要的麻烦。

那么，弥补演讲口误可以采用哪些方法呢？

在别人反应过来之前及时改口

美国前总统小布什在一次针对反恐问题的演讲中，为了强调政府的反恐决心，说道：“我们的敌人变换手法，随机应变，我们也一样。他们从不停止考虑危害我们国家和人民的新途径，我们也一样。”此话一出口，他立刻意识到自己犯错误了，竟然一脸严肃地说他的政府“从不停止考虑危害我们国家和人民的新途径”。幸好在场的所有人没有一个做出反应，小布什便不动声色地改口道：“我们会永不停息地思考最好的对策，尽力去保卫我们的国家和人民。我们必须永远想在敌人的前面！”如此一来，先前的口误便淹没在其后的滔滔大论中了。这种补救口误的办法胜在及时，在一定程度上避免了当众丢丑，不失为一种有效的手段。

转换说法，抹去错话

在发生口误时不宜作任何辩解，否则无异于作茧自缚。此时可以转换说法，例如，接着那句错话说：“然而正确说法应是……”或者说：“我刚才那句话还应作如下补充……”这样就可将错话抹掉。另外，也可以把错误归到他人头上，说：“这是某些人的观点，我认为正确的说法应该是……”这就把自己已说出口的某句错误的话纠正过来了。某些敏感的听众虽然听到了，但是也无法认定是你说错了。

将错就错，把口误“编圆”

在演讲过程中，当你意识到自己讲了错话时，干脆重复肯定，将错就错，然后巧妙地改变错话的含义，将明显的错误变成正确的说法，也能挽救口误带来的不利局面，如果补救得当，口误反而会成为难得的展现口才的好机会。

直面口误，坦率道歉

对于实在无法弥补的口误，不如勇敢面对，为自己的错误言论向他人致以诚挚的歉意。这样做看似有失尊严，但可以因此反映出你的坦率和诚恳，从而赢得听众的好感，削弱口误带来的不利影响。你可以采用这样的说法："非常抱歉，我刚才有点用词不当，但绝无其他用意。"或者说："我那样说只不过是想开个玩笑，如果给您造成伤害，这是我考虑不周，请您谅解。"如此合情合理的解释和自我批评很容易使人受到感动，这种做法有时可能比掩饰更高明。

让结尾余音绕梁

演讲的结尾，就是演讲的“收口”“点睛”，它的精彩与否在相当程度上决定了演讲的成败。这是因为，如果演讲者设计和安排的演讲开头和高潮很精彩，而结尾却相对平庸，本来兴趣盎然的听众就会觉得索然无味，非常失望；反之，如果演讲的结尾有出人意料、耐人寻味之感，就会让听众印象更为深刻，这才不失为一场成功的演讲。

那么，怎样做才能使演讲的结尾产生余音绕梁的效果呢？

采用适当的结尾方式

好的结尾能揭示题旨，加深认识，给听众留下完整深刻的印象；能收拢全篇，使通篇浑然一体；能鼓动激情，促人深思，令人觉醒，能让听众在反复回味中受到教育和启发。所以，每位演讲者不仅要熟练地掌握演讲结尾的艺术技巧，而且要善于设计，安排既符合内容要求，又符合演讲情境的新颖而又精彩的结尾，只有这样才能使自己的演讲取得全面成功。

演讲结尾的类型和方法多种多样，不拘一格，演讲者可根据自己演讲的具体时间、地点、主题、听众及自己的个性等因素，选择适合自己的方法，使之有效地为演讲的思想和目的服务。例如，可以采用总结归纳的方式结尾，用极其精练的语言，对演讲内容和思想观点作一个高度概括性的总结，以起到突出中心、强化主题、首尾呼应、画龙点睛的作用；可以采用意犹未尽的结尾，这种结尾语尽而意不尽，意留在语外，让听众回味无穷；用富含哲理的名言警句作为结尾也不失为一个好办法，这样不仅使语言精练、生动、富有节奏和韵律，而且可以使演讲的内容丰富充实，具有启发性和感染力，同时还可以给人一种生动活泼、别开生面之感。

给结尾加点幽默的佐料

除了某些较为庄重的演讲场合外，利用幽默的话语结束演讲可为演讲增添欢声笑语，使演讲更富有趣味，令人在笑声中深思，并给听者留下一个愉快的印象。如我国著名作家老舍先生在某市的一次演讲中，开头即说“我今天给大家谈六个问题”，接着，他从一到五，井井有条地谈下去。谈完第五个问题，他发现离散会的时间不多了，于是提高嗓门，一本正经地说：“第六，散会。”听众起初一愣，不久就欢快地鼓起掌来。老舍在这里运用的就是一种幽默的结尾艺术，打破了正常的演讲内容，从而出乎听众的意料，收到了很好的效果。不过需要注意的是，演讲者利用幽默结束演讲时，要做到自然、真实，使幽默的动作或语言符合演讲的内容和自己的个性，而不要矫揉造作、装腔作势，否则只会引起听者的反感。

结尾的语言宜简不宜繁

演讲的结尾要像豹尾一样，干净有力，简洁明快，新颖别致。要以巨大的感染力，使听众的情绪激动起来，振奋起来，而不应拖拖拉拉，废话连篇。有些演讲者，该讲的话明明讲完了，听众听上去似乎已经结尾了，但他又喋喋不休，没完没了地讲下去。比如，“前面我说的几点是非常重要的，在此我还想强调一下，再啰唆几句”，这就是典型的节外生枝，势必造成听众心理上的疲劳和精神上的困倦，让听众产生不满甚至反感。

结尾致谢也有讲究

当演讲结束时，一般都要礼貌地说声“谢谢”。但“谢”字也有会说和不会说之分，会说的，不仅可以表示出自己的文明素质，还能借此搭建与听众之间沟通心灵的桥梁。如果仅仅说一句“我的演讲完了，谢谢”，就会有客套话之嫌，无法打动听众。但如果这样说：“今天天气这么冷大家还能来支持我，这使我非常感动。我要向在座的朋友们表示深深的谢意！”说完给大家深深地鞠一躬。这样致谢就会显得非常真诚，容易引起听众强烈的反响。

某大学中文系一次毕业生茶话会上，系里几位领导、老师都作了讲话。首先是系主任用三分钟的即兴演讲向毕业生表示祝贺；然后是林教授讲话，主题是希望同学们继续努力学习，还引用了列宁的名言作为结尾；第三个讲话的贺教授朗诵了高尔基的《海燕》片段，以此勉励毕业生们学习海燕的精神搏击风雨，勇往直前；第四个讲话的系副主任希望同学们永远记住母校和老师们。

最后一位讲话的是深受同学们喜爱的范教授，眼看散会时间马上到了，原来准备的讲演稿有点长，范教授灵机一动，先简单地回顾了数年来与同学们交往的几个难忘片段，最后一字一顿地说："前面几位老师给大家提出了殷切的希望，可我还是喜欢说他们说过的话。（笑声）第一，我要祝同学们胜利毕业！（笑声）第二，我希望同学们'学习，学习，再学习'。（笑声）第三，我希望同学们像海燕一样勇敢地搏击生活的风浪。（笑声、掌声）第四，我希望同学们不要忘记母校，不要忘记辛勤培育你们的老师们！"这个精彩的结尾赢得了一片喝彩。

范教授在讲话结尾采用了概括别人演讲的方式，将前面几位领导、老师的讲话作了精练的概括，再化为已用，旧瓶装新酒，而听众听起来却一点也不觉得厌烦，反而被范教授的机智、风趣所折服。

为即席发言做好准备

在生活和工作中，我们有时要即席发言，也就是在事先没有任何准备的情况下当众讲话。即席发言是当众讲话的一种重要形式，也是人们认为最难的一种发言形式。因为它不像预先安排好的演讲那样，可以打好稿子做充分的准备，而是必须现场组织语言，容不得深思熟虑，且“一言既出，驷马难追”。因此，即席发言是对一个人心理素质、应变能力、文化积淀、说话水平等综合能力的检验。

有的人一到即席发言就语无伦次，弄得非常尴尬，这对事业、社会交际都极为不利。其实，即席发言虽然难度大，但是也有一定的规律和技巧，我们只要持之以恒地勤学苦练，日积月累，终究会有一天可以在面对众人时侃侃而谈，摆脱词不达意的痛苦，成为一位即席发言的高手。

那么，我们应该为即席发言做好哪些准备呢？

要选择合适的话题

即席讲话要抓住关键——“题眼”。无论是有明确主题的赛场即席演讲，还是没有明确题目只有情境的大会发言，甚至是生活中突然来几句，表达者都要能抓住“题眼”。“题眼”确定了，就可以在丰富多彩的生活阅历中，从古今中外的知识宝库里寻找材料。

即席发言的适当话题有：与主题密切联系的话题，自己熟知的话题，听众爱听的话题，有独到之处的话题，与语言环境相符的话题等。话题确定之后，就要立即组织材料，迅速构思，形成讲话的框架。

材料的组织非常重要

材料是讲话的基础，没有材料就无话可说。即席讲话无法在事先作充分准备，完全依靠现场组织材料和语言。要注意选择那些能够反映观点、支持观点的材料。只有这样的材料，才能与观点相辅相成，具有强大的说服力。有的人在即席讲话时，对引用的材料往往不加鉴别、不加选择，不管对观点有用无用，顺嘴就说，使材料与观点大相径庭，听众不以为然。

即席讲话的材料也可取自现场的人或事，这比间接材料更具针对性，说服力更强，听众更有现实感。只有多联系现场的人和事，才能把讲话者和听众的情感交融在一起，收到预期的效果。

内容要足够精彩

即席发言时，表达者为了更好地阐述自己的主张与观点，可以着意穿插一些逸闻、故事、生活实例等，使内容错落有致，活泼生动，更好地吸引听众。

要有一个有力的结尾

即席讲话的时间一般比较短，当演讲达到高潮时戛然而止，能给听众留下深刻的印象，留有回味的余地。

需要强调一点：当你被要求即席发言时，一定要保持沉着。紧张不会给你任何帮助，只会让你手足无措、说话结巴，而冷静却能让你迅速思考、合理取材、出口成章。

辩论篇

雄辩驳论的角逐

辩论，是持不同见解的双方为维护自己的见解所进行的论证与反驳的说理过程。在激烈的辩论过程中，谁都想出奇制胜，适时使出撒手锏，把对方置于“死地”。

先发制人

俗话说，先下手为强。在辩论中，辩论者在时间上抢在论敌之前，趁对方未加防范时，发动突然袭击，从不同角度连续发问，就能形成咄咄逼人的气势，陷对手于被动境地。

美国民主党总统竞选人希拉里·克林顿在与竞选对手论辩时，就非常喜欢采用“先发制人”的战术。她不仅主动向对手发难，还坚持回击对手阐述的每个观点，即使主持人想接续其他话题，有时也会被她打断。虽然后来因各种复杂的原因希拉里落败了，但她凌厉的辩论风格确实给人们留下了深刻的印象。

“先发制人”战术是论辩中最常用的一种策略，在辩题对己方明显不利的情况下尤其适用。例如，1986 年亚洲大专辩论会上，辩题是：外来投资能够确保发展中国家经济高速成长。香港中文大学队为正方，新加坡国立大学队为反方。从辩题上看，香港中文大学队处于不利地位。因为“确保”一词是个值得推敲的词语。所以，香港中文大学队采取“先发制人”的策略，开场就提出“确保”并不是指百分之百保证，如客车里的广播员常说：“为了确保各位旅客的安全，请不要倚靠车门。这并不是说只要不去倚靠车门，乘客的安全就百分之百得到保证了。”香港中文大学率先定义“确保”一词的含义，为自己的论点开辟了广阔的舞台，化不利为有利，牢牢把握了辩论场上的主动权，并最终获胜。

事实上，先发制人不但可以在论辩开场时给对方突然袭击，对于反驳对方的观点也同样有效。一般情况下，反驳在后，这似乎是理所当然的。但如果你已经料定了对方的论点，就可以在对方发言之前，先把他的这个论点驳得体无完肤，当对方再抬出这个论点时，就会让听众觉得索然无味，形势自然对你大为有利。例如，某次辩论赛中，反方为了证明自己的观点，打算采用多媒体图像的方式，使得听众能边听陈述，边看他们事先准备好的图像资料。这个意图被正方获知了，他们立刻采用了“先发制人”的战术，不等对方出示多媒体光碟，就用纸板画了一幅图案，而这幅图案乍看上去与反方即将展示的多媒体图片别无二致，而正方就从图案出发，反驳反方的观点。反方受此打击顿时阵脚大乱，接下来的辩论安排完全被打乱了，几位辩手也开始出现致命失误，正方便借此机会乘胜追击，一举赢得了辩论赛的胜利。这就是一个“反驳在先”的成功范例。不过要做到这一点不容易，因为这需要你对对手有充分的了解，能够完全做到知己知彼。否则便会弄巧成拙，让对方后发制人。

在一次对盗窃嫌疑人的审判中，当法官问到“你在本市偷过几次东西，都是些什么”时，嫌疑人矢口否认，说：“我是来市里走亲戚的，没有偷东西。”这时，法官问道：“走亲戚为什么说不上亲戚的名字？走亲戚为什么不带礼物偏带螺丝刀？走亲戚为什么在半夜里四处乱跑？既然亲戚在市里，你到郊区来干什么？”“这……”犯罪嫌疑人顿时张口结舌。

在这里，法官通过四个“走亲戚为什么……”这样连珠炮式的提问，摆出一件件事实，指出对方的破绽，先发制人，不留给对方任何反驳的余地，以强大的力度攻破对手的防线，逼得他不得不主动认罪。

以迂为直

辩论场上处处讲究主动，如果只为反驳而反驳，就必然会显得被动，处处跟着对手跑，即使反驳得很精彩，也非上乘。那么，怎样才能既有力地驳斥对方，又不知不觉地把对方牵到对我方有利的领域中展开讨论呢？下面这个故事或许可以给你一些启发。

有一次，晋文公吃饭时，发现烤肉上绕着一根长头发，不由得勃然大怒。他把厨师叫来厉声斥责道："你想把寡人噎死吗？"厨师一看烤肉上的头发，就明白自己遭人陷害了。可晋文公正在盛怒之时，他又怎敢直接反驳说并非自己要噎死晋文公呢？好在这位厨师素来机智，只见他故作慌张状，跪下连连磕头道："小人罪该万死，小人有三条罪状。小人每天把刀磨得飞快，切断了肉，却切不断一根头发，这是第一条罪。小人把肉穿在木棍上，却看不见上面的头发，这是第二条罪。炉火通红，把肉烤熟了，却没有烧焦头发，这是小人的第三条罪。可是，周围是不是有恨小人的人呢？请大王明察。"这一席话让晋文公恍然大悟，点头道："你说得有道理。"接着，晋文公派手下把厨房里打杂的人叫来审问，证实果然是这个杂役在肉上放了头发，想陷害厨师。

这个聪明的厨师表面上好像是在承担罪名，可实际上他却绕了个大圈子，向晋文公分辩自己不可能做错事的原因，如此迂回，反而解决了无法正面反驳对方的困窘。

无独有偶，下面这个故事也是一个成功使用"以迂为直"辩论方法的典型。有一个常以愚弄他人为乐的人，名叫张三。这天早晨，他正在门口喝稀粥，忽然看见同村的李四骑着毛驴经过，于是他就喊道："喂，过来吃点吧！"李四是个有礼貌的人，连忙从驴背上跳下来，说："谢谢您的好意。我已经吃过早饭了。"谁知张三却一本正经地说："我没问你呀，我问的是毛驴。"说完，得意地"嘿嘿"一笑。李四以礼相待，却反遭侮辱，再加上看见张三那副可憎的嘴脸，实在咽不下这口气。李四知道如果责骂这个无赖，他肯定会说："我和毛驴说话，谁叫你来插嘴？"这么一想，李四倒是抓住了张三语言中的破绽。他猛然转过身去，照准毛驴脸上，"啪，啪"就是两巴掌，骂道："出门时我问你在村里有没有朋友，你斩钉截铁地说没有。没有朋友，为什么人家还请你喝粥呢？"然后又对着驴屁股抽了两鞭，说："看你以后还敢不敢胡说八道！"说完，翻身上驴，扬长而去，留下自取其辱的张三在原地发呆。

在这里，李四使用的就是"以迂为直，以退为进"的办法，张三想用和毛驴说话来侮辱李四，李四就绕了个圈子，姑且承认了张三是在跟毛驴说话，然后借教训毛驴，来嘲弄张三和毛驴之间的“朋友”关系。

在唇枪舌剑的交锋之中，一味强攻疾进是不可能的，就像打出拳头之前要先收拳头一样。有时，为了出击有力，还需适当退却。只有始终牢记目标，洞察进退的利害，把握进退的时机和分寸，以退为进，以迂为直，才能掌握主动，稳操胜券。“以迂为直”就是这样拐弯抹角地讲出自己的真实意思，通过绕圈子、退几步，甚至“王顾左右而言他”，就能够让对方减轻敌意，放松警惕，被我们轻松“套牢”。

一天早上，主任将新来的职员石磊叫到办公室，态度严厉地说他丢了份很重要的文件，最后这份文件一半在垃圾桶里，而另一半在石磊的抽屉里找到了。

石磊意识到是有人在背后做了手脚，冷静下来后，他诚恳地说：“主任，首先我没有作案的时间，昨天下午我是和同事一起走的，现在刚进单位，您也知道，每天下班后都会有阿姨来收拾垃圾桶，所以垃圾桶里应该是干净的，为什么里面还会有文件呢？其次，我也没有作案的动机，公司里正在裁人，我是新职员，应该更认真小心才是，怎么会犯如此明显的错呢？而且是谁发现我保管的文件丢了，又有谁有权利去动我的抽屉呢？”

主任听完，便暗地里做了调查，发现石磊的确是被部门里的一个同事陷害的，便开除了那名同事。

可以想象，石磊如果直接反驳主任，说自己没有偷走文件，主任肯定听不进去。但他采用迂回战术,先假装同意“自己有罪”这个判定，再和主任一起来分析整个事件，推翻“自己有罪”的错误判定，最终得以成功地证实了自己的清白。

顺水推舟

辩论时，面对理直气壮的对手，如果你毫不客气地反击，可能难以让对方信服。此时你可以采用“顺水推舟”的办法，表面上认同对方的观点，顺应对方的逻辑进行推导，并在推导中根据我方需要，设置某些符合情理的障碍，使对方的观点在所增设的条件下不能成立，或得出与对方观点截然相反的结论。这样一来，你就不必与对方正面冲突，你所受到的阻力也会是最小的，当对方发现自己的想法有错误时，就必然会“知难而退”了。

春秋时代，齐国为了改善与其他国家之间的关系，派晏婴出使楚国，但日渐强盛的楚国根本不把齐国放在眼里，楚王还传令说任何人都可以尽量羞辱晏婴。

晏婴到达楚国时，前来迎接的礼宾官员见他那么矮小，就命令士兵打开城门旁边的侧门，看他进不进。晏婴仪表堂堂地站在正门前，一声不响。嬉皮笑脸的士兵过来了，晃悠着脑袋指了指小门，说：“先生，您请进吧！”

晏婴冷蔑地笑了笑，也虚指了一下侧门，反击道：“我看这不是门，倒像是个狗洞。难道贵国是狗国吗，竟然用狗洞迎接使节！”一句话说得那官员满面通红，本想看晏婴的笑话，却反被他侮辱，真是搬起石头砸自己的脚啊！官员心中非常气恼，却又不能发作，只好命令士兵打开正门。

楚王接见了晏婴，但态度同样非常傲慢，他不屑一顾地问晏婴：“难道齐国没有人了么？”

晏婴这一路遭受不少冷遇，早就十分不满，但他压下怒火，向楚王施了一礼，不慌不忙地说：“大王，我们齐国都城临淄有三百闾，如果每个人都把袖子张开的话，那么太阳的光芒都能被我们挡住，无法射到地面上来。如果每个人挥一把汗水，那就好像突然下了一场大雨。国都的大路上，人如潮涌，摩肩接踵，怎能说没人呢？”

楚王自然知道晏婴是在夸耀，他也想自夸一下，却发现自己说不出同样精彩的话来，真是尴尬万分，困窘了半晌，才接上了晏婴的话茬，冷嘲道：“齐国既然人多势众，为什么选你来出使我国呢？”

晏婴也“顺水推舟”，接着楚王的话讽刺道：“是的，我国人民众多，可与我国交往的国家也不少。为了方便管理，我国把交往的国家和派出的使节分为上中下几等。对于那些上等大国，我国自然会派出仪表出众、满腹才华的使节，而我晏婴其貌不扬，水平低下，只好出使贵国了。”好像是为了配合自己的这番说辞，晏婴脸上还露出一副十分委屈的样子。楚王还想反唇相讥，可又觉得自己无理、无礼，只好吞下了这颗“苦果”！

虽一波三折，但晏婴还是最后的胜出者。他不仅没有吃哑巴亏，还回敬了有力的一击，彰显了智慧，就像打了一套太极拳，借力打力，四两拨千斤，让对手甘心认输，自食苦果。

双关语暗藏杀机

“双关语”是指在一定的语言环境中，借助词语的同音或多义同时关涉两个不同事物，话中有话，暗藏机锋，含蓄幽默，能够加深语意，给人以深刻印象。

有这样一个故事：古时候，一位商人在寒冷的冬天好不容易搭到一条客船，可艄公问他贵姓时，他答了句“姓陈”，立刻被艄公赶下船去，原来“陈”字与“沉船”的“沉”字谐音，舟行江中，最忌讳的就是这个“沉”字，难怪艄公会有如此大的反应。

电影《末代皇帝》中有这样一个片断，三岁的爱新觉罗·溥仪登基时大哭大喊，其父摄政王安慰他说：“别哭，别哭，快完了，快完了！”这引得文武百官心中嘀咕，认为此话乃不祥之兆，怎么能说“快完了”呢？

以上这两个故事都反映了双关语弦外有声的特点，需要仔细咀嚼，方能品出一种独特的滋味。在交际时，由于各种因素的限制，有些话不方便直接讲出来，这时运用双关语也可以收到奇妙的效果。特别是当辩论中我方受到攻击时，可以不直接从正面答辩，而借助对方提供的话题用双关语还击，从而改变论战的局势。辩论时使用双关语除了能够婉转地反驳对方外，还可以造成一种轻松、幽默的气氛，而不至于使对方下不了台。如果运用得巧妙，甚至比直接进攻更有力。

某朝一位侍郎和一位尚书一向不和，经常找机会用言语讽刺对方。有一次，两人不期而遇，自然少不了一场口舌之争。恰好路边跑过一只狼狗，尚书捋了捋胡须，微微一笑说："是狼（侍郎）是狗？"这是变着法子骂人了。侍郎略一思忖，答道："垂尾是狼，上竖（尚书）是狗。""你……"尚书气得说不出话来。

尚书用"侍郎"的谐音骂侍郎是狗。而侍郎明明知道对方是在骂自己，但又不便直接谴责对方。毕竟对方没有直接骂人，于是他照葫芦画瓢，表面上是回答对方的问话，实际上是把对方的谩骂回敬给了对方。他的答话可谓巧妙至极，令人拍案叫绝。

无独有偶，下面这个有趣的例子也用到了双关语。

美国有位作家某次与人讨论问题时屡屡遭到对方的无礼攻击，作家不屑与他争辩，对方却自负地认为这是作家服输的表现，他自作聪明地说："真的忍受（bear）不了某些傻瓜。"作家忍无可忍，终于回敬道："哦，真有趣。可是你母亲能。"

在这里，作家巧妙地利用一个多义词"bear"，这个词有"忍受"和"生产"两种意义。所以作家的话就变成了这样的意思："你不能忍受傻瓜，可是你的母亲能生下傻瓜。"傻瓜指谁就不言自明了。如此一来，就能好好地教训一下这个喜欢挑衅的人，让他哑口无言。

巧用“二难推理”

一个穷人家的孩子自幼勤奋好学，可他买不起书，就经常到书摊上去看书。掌柜见他总是光看不买，有点不耐烦了。

一天，掌柜对他说：“小孩，我们是靠卖书吃饭的，你要看，就买回去看好了。”

孩子听了，显出不高兴的样子，歪着小脑袋说：“买书就得先看，不看，怎么知道哪本好？”

掌柜生气地说：“你经常到我这里看书，就没有一本好的值得你买吗？”

孩子见掌柜发火了，就很和气地说：“你这书摊上好书倒是不少，不过，我看完后也就背得了，还买它有何用？”

“看完就能背？”掌柜显出一副不相信的神态，顺手拿起一本孩子刚看过的书说道：“要是你当着我的面把这本书背下来，我就把它白送给你，要是你背不下来，就永远别再来看我的书了！”

“好，一言为定。”孩子把两只小手一背，果然把那本书背了下来。

掌柜大吃一惊，连连称赞，并把那本书送给了这个聪明的孩子。

这个看似简单的小故事其实包含着一个推理：如果是好书，我看完后就背过了，那么，我没必要买；如果不是好书，我看了之后当然也没必要买。或者是好书，或者不是好书。总之，我只看不买。这就是“二难推理”，它的一个前提是提出两种可能的假设，例如：“如果是好书，我看完后就背过了。”“如果不是好书，我看了后当然也没必要买。”另一个前提是提出两种可能的选择判断，例如：这书“或者是好书，或者不是好书”。

这种推理之所以叫二难推理，是因为在辩论的时候，辩论者常用此方法针对一个问题，向对方提出两种可能，对方不论选择哪一种可能，其结果总是“不利”的，由此使对方陷入左右为难、进退维谷的境地。因此，在辩论中运用这种二难推理往往很有说服力。

运用二难推理在论战中取胜的例子有很多。东方朔偷饮了汉武帝求得的据说饮了能够不死的酒，汉武帝要杀他，东方朔就用了二难推理法为自己辩护。他说：“如果这酒真能使人不死，那么你就杀不死我。如果这酒不能使人不死（你能杀得死我），那么它就没有什么用处。这酒或者能使人不死，或者不能使人不死。所以，你或者杀不死我，或者不必杀我。”结果汉武帝认为他说得有理，就放了他。

有人为了让一个不肯认罪的偷马贼认罪，就突然用手将马的双眼捂住，向小偷问道：“你说这马不是偷的，是你自家养的，那你说，马的哪只眼睛是瞎的？”小偷被问得愣住了，可他很快回答道：“左眼！”问话者把手移开，马的左眼亮闪闪，不瞎。小偷急忙改口道：“我记错了，是右眼。”那人将另一只手也移开，马的右眼也亮闪闪的，不瞎。结果脸色灰白的小偷再也无话可对，被扭送到警察局。这个问题实际上也构成了一个简单的二难推理，即：如果回答马的左眼瞎，那么你是小偷；如果回答马的右眼瞎，那么你也是小偷。你或者回答马的左眼瞎，或者回答马的右眼瞎。总之，你是小偷。

不过，二难推理在运用过程中难度较大，往往容易掩藏错误，稍有不慎就会变成诡辩。在很多辩论过程中，一方往往会出现二难误推的错误，用貌似正确的二难推理，置对方于两难境地。对方此时可以运用逻辑知识，抽出一个预设选项进行强有力的反诘，就可以从根本上挫败对方的锐气，指出其错误之处。

有个叫欧提勒士的人拜著名的哲学家普罗泰哥拉为师，向他学习法律知识。双方签了一个合同，规定结束学业之后，学生付给老师一半学费，另一半学费则要等到学生第一次出庭打赢官司，再支付。可是学生一直没有打赢官司，剩下的一半学费老师迟迟没有拿到。老师终于等不及了，就向法庭起诉，要求学生支付另一半学费。老师说：“如果你打赢这场官司，依照合同，你得把另一半学费付给我；如果你打输这场官司，那么根据法庭判决，你也得把另一半学费付给我。所以，不管你这场官司是赢是输，你都要把学费给我。”

学生反驳道："如果我打输这场官司，依照合同，我不需要把另一半学费付给你；如果我打赢这场官司，那么根据法庭判决，我也不需要把另一半学费付给你。所以，不管我这场官司是赢是输，我都不需要把学费给你。"

据说法庭对这场官司也左右为难，无法判决。

欧提勒士在这里提出的反诉是有效的，其内在的逻辑依据是：如果普罗泰哥拉那样的推论有效，则欧提勒士的推论也有效；如果欧提勒士的推论无效，则普罗泰哥拉的推论也无效。但是，这并不意味着普罗泰哥拉的立论是正确的。普罗泰哥拉利用双重标准讲歪理，欧提勒士则利用双重标准反驳歪理，论证的立场不同，从而决定普罗泰哥拉做出了一个不正确的推论，欧提勒士则做出了一个有效的反驳。

偷换概念，移花接木

辩论是一个非常灵活的过程，在这一过程中，可以施展一些比较重要的技巧，从容取得胜利。其中，偷换概念、移花接木就是两种非常有效的辩论方法。

"偷换概念"就是将一些貌似相同的概念进行偷换，实际上改变了概念的修饰语、适用范围、所指对象等。例如，由于有些语词具有多义性，因此，在辩论时就可以利用这些语词来表达不同的概念。例如，甲说："我为母校而骄傲。"乙反驳道："你不应该骄傲，因为骄傲会使人落后。"这里乙就是利用多义词来混淆不同概念。甲说的"骄傲"是自豪的意思，而乙却将其混淆为自高自大。另外，混淆集合与非集合概念的例子也很常见。例如，一个青年在逛公园时将公园里的栏杆撞坏了，公园管理人员要他赔偿，青年反问道："为什么要我赔？"管理人员说："损坏了公共财物就应该赔！"青年振振有词地说："我是'公共'的一份子，公共财产有我的一份，用不着赔，我那份不要了！"这个青年就是通过混淆集合概念和非集合概念来进行诡辩。"公共财产"是一个集合概念，是不可分割的整体，而这个青年却故意把它当成非集合概念，认为自己可以任意支配其中的一份，借此来逃避赔偿的责任。如果分不清集合概念和非集合概念，对这样的诡辩还真不好对付呢。

“偷换概念”的辩论法可以用来对付一些难度很高的辩题，比如，“艾滋病是医学问题，不是社会问题”这一辩题就很难，因为艾滋病既是医学问题，又是社会问题，很难将其截然分开。不过正方可以巧妙偷换概念,用“社会影响”来代替“社会问题”，从而肯定艾滋病有一定的“社会影响”，但不是“社会问题”，并严格地确定“社会影响”的含义，这样，反方就很难反攻。

“移花接木”法就是通过剔除对方论据中存在缺陷的部分，换上对己方有利的观点或材料，以收到“四两拨千斤”的奇效。例如，辩论的一方为了证明“‘行（行动、实践）’比‘知（懂得道理）’难”这个论点，这样说道：“要是行不难，孙行者为什么不叫孙知者？”另一方却顺势辩道：“孙大圣的小名是叫孙行者，可对方辩友知不知道，他的法名叫孙悟空，‘悟’是不是‘知’？法名是不是比小名正式？所以孙大圣也认为‘知比行难’,对吧？”

移花接木的技法在论辩理论中属于强攻，它要求辩手勇于接招，勇于反击，因而它也是一种难度较大、对抗性很高、说服力极强的论辩技巧。诚然，实际辩论场上雄辩滔滔，风云变幻，不是随时都有现成的材料可供使用的,也就是说,更多的“移花接木”需要辩手对对方当时的观点和我方立场进行精当的归纳或演绎。

鲁迅在厦门大学担任研究院教授时，校长林文庆打算削减其所在研究院的办学经费。这让原想有一番大作为的鲁迅非常不满。一天，林文庆把研究院的负责人和教授们找去开会，提出要把经费削减一半。教授们提出了很多反对意见，林文庆却不予理睬，反而说："你们说什么也没用，学校的经费是有钱人拿出来的，只有有钱人，才有发言权！"

这时，在一边隐忍多时的鲁迅终于站起来身来，从口袋摸出两个银币，"啪"的一声放在桌子上，铿锵有力地说："我有钱，我也有发言权！"林文庆没料到鲁迅会说出这句话来，结果措手不及，狼狈不堪。

接着，鲁迅又郑重地向大家阐述了研究经费不能减少的原因，有理有据，说得头头是道，教授们纷纷点头赞同。林文庆见此情景，只好收回了自己的主张。

这个故事流传很广，版本也很多，我们暂且不去深究细节，仅从这个故事本身去看鲁迅说话的艺术。鲁迅在这里就用到了偷换概念的辩论技巧，他抓住"有钱"两字做文章。事实上，林文庆讲的"有钱"和鲁迅讲的"有钱"概念是不同的，但鲁迅就是巧妙利用这一不同，给林文庆当头棒喝，打乱了他的阵脚，一开口就气势非凡，使对方在心理上先输了几分。

巧用类比，直指要害

在很多情况下，单纯讲道理正面反驳往往显得枯燥无味，而且艰涩冗长。运用类比则既能活跃气氛，又能使反驳生动形象，易于理解。在论辩中使用类比法能够迅速打动听众，使自己的论证和反驳更加有力，达到事半功倍的效果。

类比可以应用于与己方观点相类似的事例上，让听众能够迅速理解和接受己方立场。例如,对于“金钱是万恶之源”这一辩题，反方做出了这样一个类比：“……如果今天你走在路上，看到一只狗，你踢了它一脚，又看到一只猫，你踩了它一下，那么这到底是因为你有暴力倾向，还是因为那只猫和那只狗欠你钱呢？”反方试图通过描述一个生活中的小场景，表明很多时候人们做坏事根本与钱无关。

类比还可用于事物之间的差异性上，让听众同意对方的观点不符合事实，从而达到驳斥对方的目的。例如，对于“城市中的流浪猫狗可以扑杀”这个辩题，反方类比道：“在对方辩友的描述中，流浪猫狗俨然成为携带生化武器的恐怖分子，这还是我们平时看到的两眼惊恐、见人就跑的小生命吗……”在这里，反方使用了一个略夸张的形象类比，把“恐怖分子”与生活中常见的流浪猫狗作对比，有力地驳斥了对方观点，并在此基础上展开自己的论证，效果倍增。

不过，在辩论中，用好类比法并不容易，有时一招不慎就可能陷入诡辩的陷阱。在日常生活中就常常可以碰到这类诡辩。售货员：“买点笋吧！”顾客：“不要，笋没有营养。”售货员：“谁说笋没有营养？动物园里的熊猫吃竹子还长那么胖哩！”这个类比显然是不恰当的，因为人的营养需求和动物的营养需求是不能简单类比的。所以，在辩论中使用类比需注意从逻辑上进行把握，类比的对象之间相似点越多越好，这些相似点越是本质属性越好，不可生搬硬套，造成机械类比。例如，一个脾气暴躁的人在遭人批评后为自己开脱道：“发怒是人宣泄情感的重要方式。水库积水过量，就得泄洪，否则一旦造成决堤，就会危害四方。人的愤懑情绪过分压抑，也会造成情感决堤，危害自身与他人。”这样的类比初听起来似乎有些道理，可“蓄水”是水库的本质属性，而人生的意义并不在于“积怒”；“泄洪”是减少水库过量积水的必然渠道，而人的郁闷情绪并非一定要用“发怒”的方式来排遣，如可通过适当的心理调适来加以化解等。因此，这种缺乏相关性的类比是很难服人的。另外，作为一种辩论的战术技巧，类比要运用得恰到好处，要尽量采用大家熟悉的事物，且要事先考虑到可能被对方反驳的漏洞，并做出机智回应，以弥补类比带来的负面作用。

不过，论辩毕竟是一种快速反应，不少人在论辩中使用类比往往出于灵机一动，很少有时间去细想所用类比是否合理，是否有说服力。因此，要想熟练掌握类比辩论法，就要在平时多熟悉一些判断类比正误的方法与技巧，一方面能有效地辅助论证，防止立论时因类比错误而滑入诡辩；另一方面则可对对方所用的错误类比做出及时、准确、有效的驳斥。

有一家箱具公司由于货真价实而生意兴隆，引起了一些不法商人的嫉妒。某日，这家箱具公司收到订单，要定做3000只高级皮箱，合同写明1个月交货，逾期不交或不按质按量交货，由卖方赔偿损失费50%。1个月后，箱具公司如期交货，可对方却故意说："皮箱中有木料，就不是皮箱，合同上写明是皮箱，你们却提供给我们不合格的货品，所以你们应当赔偿我们损失费。"箱具公司当然拒绝了对方的不合理要求，对方立即向法庭提出控诉，要求箱具公司按合同赔偿损失。

箱具公司明知对方是在敲诈，但一时竟不知该如何为自己辩护。后来，当地一位正义的律师主动请求为箱具公司辩护，在法庭上，这位律师取出口袋里的金怀表，高声地问法官："法官大人，请问，这是什么表？"法官答道："这是一块金表，可是这与本案有什么关系呢？"律师高举金表，面对法庭上所有的人说："有关系，这是金表，但是请问，这块金表除表面是镀金的以外，内部的部件都是金制的吗？"听众七嘴八舌地回答："当然不是。"律师便说："那么人们为什么叫它金表呢？这和有木料的皮箱不是一个道理吗？由此可见，箱具公司的案件不过是原告无理取闹，存心敲诈而已！”

由于律师的雄辩，原告在众目睽睽之下理屈词穷。法庭最后宣判原告诬告罪，罚款5000元结案。

这位律师在法庭论辩取胜使用的就是类比，即逻辑学上的归谬。他把金表与皮箱进行类比：金表表面镀金而内部不是全由黄金制作可以叫作金表，而皮箱外部是皮革的，内部支撑有木料，当然也可以叫作皮箱。他成功地使用了类比论证术，有力地驳斥了原告的谬论，最终大获全胜。

以其人之道还治其人之身

在辩论中，我们可以通过驳斥对方的论证方式，即指出其逻辑推理过程不成立，来否定对方的论点。这种方法就好像将对方的矛，原封不动地拿来，再原封不动地投向对方，让对方有哭笑不得之感，而这也就是“以其人之道，还治其人之身”的妙处。

例如，有一位享誉甚广的作家出身于木匠家庭，但他对此并不避讳。有一次，他碰见一纨绔子弟，后者对他十分不屑，便高声问道：“对不起，请问阁下的父亲是不是木匠？”“是的。”作家回答。“那为什么没把你培养成木匠？”对这个无礼的问题，作家略加思索，笑着回道：“对不起，那阁下的父亲想必是绅士了？”“是的！”对方高傲地回答。“那他为什么没有把你培养成绅士呢？”对方顿时哑口无言。

在纨绔子弟的话语里，隐含着一个荒谬的推理，即木匠的儿子也应当是木匠。而作家巧妙地采用了和对方一样的逻辑，以其人之道还治其人之身，让纨绔子弟碰了一鼻子灰。

又如，一位牧师曾问美国黑人领袖马丁·路德·金说：“先生既然有志于黑人解放，非洲有那么多黑人，先生为何不去非洲？”马丁·路德·金从容地回答：“阁下有志于灵魂解放，地狱里的灵魂最多，阁下为何不早早地下地狱？”

在这个例子中，根据牧师口中“充足的”理由得出的“先生应当去非洲”的结论显然是荒谬的。面对如此恶意攻击，马丁·路德·金并不分辩，而是如法炮制，以其人之道还治其人之身，针锋相对地推出了一个更为尖刻的论断——“您更应该早早地去地狱”；不仅指出了对方论点的荒谬，还令对方自取其辱。

以其人之道还治其人之身，并不是以暴制暴，也不同于以牙还牙，它只是一个锦囊，用来解除尴尬和难堪。通过效仿对方的思维方式和行为模式，让问题迎刃而解。

很久以前，某座城市有一个出了名的恶霸，他经常酗酒滋事，扰乱别人的正常生活。有几次他被扭送到法庭，可这恶霸非常善于狡辩，巧舌如簧，竟然让法官无法判罪。

不久，这个恶霸再次被捕，负责审判他的是一位非常聪明的法官。恶霸一上法庭便故技重演，说：“首先我想向法官提出几个问题。”

法官和气地说：“你问吧！”

“我一顿吃了几斤葡萄，这算犯罪吗？”

“不算犯罪。”法官回答。

“如果我再喝些水，这有罪吗？”

“没有罪。”

“既然没有罪，那为什么我喝了点葡萄加水酿成的酒，您就说我有罪，并声明禁止呢？”恶霸质问法官。

法官想了想，没有回答他的质问，而是反问道：“先生，现在我向你提几个问题。如果我向你泼一点水，这会使你得病吗？”

“不会！”恶霸不明白法官的意思，顺口回答。

“如果我往你头上倒点黏土，你会残废吗？”

“当然不会！”

“那么我把黏土掺些水做成砖头，再放在太阳下晒一晒，然后用砖头猛力击你的头，这有什么后果？”

“砖头会打破我的头，我甚至可能会死去！”恶霸惊恐地回答。

“那很好，”法官说，“你提到的酒也是这样。如果用水和黏土制作出的砖头会砸破头，那么用水和葡萄酿成酒，喝多了就会让你闹事，破坏法律。”

听到法官的话，恶霸也觉得无懈可击，只得甘心接受惩罚。

恶霸和法官都很聪明，不过恶霸是在狡辩，是狡辩就有谬误之处。法官抓住了这一点，以其人之道还治其人之身，很巧妙地把“球”踢了回去，让他自食其果。

反客为主，变被动为主动

在辩论过程中，先发制人可以产生优势，后发制人则可以变被动为主动。由于后发，自己可以知道对方的基本观点，发现其中的矛盾和弱点，然后以自己掌握的材料有针对性地集中进行反驳，有时还可以让对方措手不及。这个办法特别适用于场上局面已经对自己非常不利的情况，如果用得巧妙，会有扭转败局，反客为主的效果。

为了用好这个办法，应当按以下步骤进行。

以慢打快，等待有利时机

当辩论场上的形势对你明显不利时，应该保持冷静，以慢制胜，延缓对方的言语进攻，也为自己赢得缓冲的良机。这个方法特别适用于以劣势对优势、以弱小对强大的论辩局势。它是弱小的一方为了战胜强大的一方而采取的一种手段。

避实就虚，寻找对手的要害

在辩论中，当对方提出一个你无法回答的问题时，假如强以不知为知，勉强去回答，不但于事无补，还可能闹笑话。在这种情况下，就要机智地避开对方的问题，另外找对方的弱点攻过去。不过，“避实就虚”不可太过，否则对方一提问题，你就立即回避，势必给听众留下不好的印象，以为你已经理屈词穷，不敢正视对方的问题。此外，如果你对对方提出的基本立论和概念打击不力，也容易让形势变得更为不利。因此，不能一味消极闪避，而应仔细寻找对方的要害和破绽，这是辩论能否取胜的关键。

抓住破绽，展开全力反攻

无论多么强大的对手，都不可能保证言语间没有一丝一毫的破绽。所以你在倾听对方的发言时要注意辨别对方有无常识性的错误，论点是否稳固周密，论据是否真实可靠，逻辑是否合理，有无偷换概念，有无自相矛盾之处，有无利于你的言辞。只要能够发现其中之一，就可以以此为目标展开全力反攻，往往能够一击奏效。例如，在一次关于“人性到底是善还是恶”的辩论中，正方在自由辩论中说：“我倒想问对方辩友，在人性本恶之下，我们为什么要法律，为什么要惩治的制度呢？”反方马上接过来说：“对呀，这不正好论证了我方观点吗？如果人性都是善的，还要法律和规范干什么？”反方正是通过仔细倾听，发现了对方的破绽，并迅速指出对方辩词有利于己方，从而化被动为主动，改写了战局。

美国前总统卡特竞选总统时，一位爱找茬的女记者采访了他的母亲："你儿子说如果他说谎，大家就不要投他的票，你敢说卡特从未说过假话吗？"

卡特的母亲平静地说："不，我儿子说过谎话。"

"说过什么谎话？"女记者喜出望外地追问。

"善意的谎话。"

"何谓善意的谎话？"

"你记不记得几分钟前，当你跨进我家的门时，我儿子说你很漂亮，见到你很高兴？"

面对记者来者不善、咄咄逼人的问话，卡特的母亲没有惊慌失措，她顺着记者的话，承认卡特说过谎，让记者大喜过望，也放松并解除了戒备心理，为自己能牢固地掌握论辩主动权打好了基础。结果女记者果然中计。卡特的母亲又将话锋一转，对谎话加以限定。女记者依然不知是计，还在追问"何谓善意的谎话"。等卡特的母亲解释清楚，女记者才知道是怎么回事，但她除了尴尬之外，别无所获。

谈判篇

谈判桌上的“语言大餐”

谈判，既要“谈”又要“判”。所谓“谈”，就是运用口才借以表达思想观点；所谓“判”，就是判断，即对各种信息进行分析、综合，最后做出判断。整个谈判的过程就是运用口才的过程。

声东击西

“声东击西”在兵法中就是要利用好敌人混乱的情况，或东或西，似打似离，不攻但蓄势攻击，欲攻又不予攻击，这样会给敌人造成错觉，使之疲于奔命，就能牵着对方的鼻子走。这一战术对于谈判这个政治和商业的主战场而言同样行之有效，是在谈判中能够利用的主要手段。

美国谈判大师荷伯·科恩有一次飞往墨西哥城主持一个研讨会，抵达目的地时，旅馆告知其“客满”。此时，荷伯施展了他的看家本领，找到了旅馆经理问：“如果墨西哥总统来了怎么办？你们是否要给他一个房间？”经理回答：“是的，先生。”荷伯接着说：“好吧，他没有来，所以，我住他那间。”结果他顺利地住进了总统套房，不过附加条件是，总统来了必须立即让出，但这个概率是很小的。这就是一个典型的“声东击西”的例子。

当然，在谈判中声东击西首先要弄清楚自己的真实目的，谈判时就要先把它隐藏起来，并有意识地将谈判的主题引到对己方并不重要的问题上，抛出无关痛痒的条件，再勉强让步，让对方看到我们似乎已经达到了底线。这样就能把对方的主要注意力引到我们不注重的次要问题上，从而方便我们实现主要目的。

战国时的烛之武就曾经使用此计与秦穆公谈判并取得了成功。当时秦晋两大国联军围攻弱小的郑国。郑文公派烛之武和秦穆公谈判。烛之武经过一番深思熟虑，认为直接请求秦国撤兵是不明智的，自私狡诈的秦穆公绝不会做对自己没有好处的事情。于是烛之武见了秦穆公就说："我虽然是郑国大夫，却是为你们秦国的利益而来的。"秦穆公自然不相信。接着，烛之武剖析道："秦晋联合围郑，郑国已经知道自己肯定是要灭亡的了，可是我们郑国在晋东，你们秦国在晋西，相距千里，中间隔着晋国，如果郑国亡了，你们能隔着晋国管辖郑地吗？结果郑国只会落到晋人手中。你们秦国白白浪费了兵力、财力，其实不过是为人家作嫁衣而已。而且一旦郑国被晋国吞并，晋国的力量便会大大增强，乃至超过秦国。那你们可就相当危险了。"这番话让秦穆公连连点头称是，请烛之武坐下交谈。烛之武继续剖析道："如果蒙贵国恩惠，郑国得以继续存在，那么以后在贵国有需要的时候，我们郑国也会提供相应的帮助的。"秦穆公听后非常高兴，就和烛之武签订了盟约。

烛之武之所以能够瓦解秦晋联军，是因为他非常了解秦、晋两国势均力敌，互相威胁且互有猜忌的局势，而且他对秦穆公的性格、心理也有一定把握。所以在谈判中，烛之武巧妙地利用了"声东击西"的办法，不说自己是为了挽救郑国而来，而说自己是为了秦国的利益而来。他假言郑国已知自己要灭亡了，将要灭亡的国家对什么都已无所谓，使秦穆公产生错觉，对他放松了戒心。然后烛之武逐层剖析、陈述秦晋联军对秦的利益影响，表面上处处为秦国着想，实则为郑国解燃眉之急，并最终打动了秦穆公，得到了自己需要的谈判结果。

采用这种声东击西的谈判策略需要注意的要点是：

第一，尽管双方所讨论的问题对我方而言是次要的，但采用这种策略就要向对方表明，我方对这一问题很重视，进而提高该项议题在对方心目中的价值，一旦我方做出让步后、能使对方更为满意。

第二，可作为一种障眼法，转移对方的视线。如我方关心的可能是货款支付方式，而对方的兴趣可能在货物的价格上，这时声东击西的做法可以是把双方讨论的问题引导到订货数量或包装运输上，借以分散对方对前述两个问题的注意力。

第三，为以后的真正会谈铺平道路。以声东击西的方式摸清对方的虚实，排除正式谈判可能遇到的干扰。

第四，把某一议题暂时搁置起来，以便抽出时间对有关的问题进行更深入的了解，探知或查询更多的信息和资料。

第五，延缓对方所要采取的行动。例如，发现对方有中断谈判的意图，可运用这一策略，做出某种让步的姿态。

第六，可作为缓兵之计。当谈判不能按己方预期进行时，一方面以继续谈判来应付，另一方面则同时找其他对策，这样就会较容易达到目的。

某经销商一直想把推土机专用的传动装置卖给一家规模很大的推土机厂商。而厂商方面也表示愿意下一笔很大的订单，但要求在90天之内交货。可是双方都很清楚，从开始设计、制造、完成，整个流程需要120天，90天之内根本无法交货。

在谈判时，经销商一方指出传动装置的费用是23万美金，设计费是2.2万美金，而且一定要120天才能交货。但对方仍坚持90天之内一定要交货。这时，双方似乎没有了可谈的共同点，但情况突然有了改变，对方说："这样吧，我们跟送货部门联系一下，看看他们有没有什么特别的办法。"5分钟后，对方回到谈判桌上，说："办法是有的，可以将海运改为空运，不过要多花很多钱。所以我们希望贵公司可以自行负担设计费2.2万美金并支付空运的费用。"

经销商一方此时已非常清楚，这是对方的一种谈判技巧，想让自己陷入一个更困难的境况。经销商一方反复思考，认为设计费与空运费对己方算不上严重困扰，不过他没有立刻答应，而是露出了为难的表情，指出两项费用带给自己的压力很大，并提出要回去请示上级。对方立刻阵脚大乱，态度有了稍许松动。最终，双方达成协议，在费用问题上采用经销商提出的预案，而交货时间可以延长至120天。

在这个案例中，经销商关注的重点是交货时间，但他不动声色，一直在设计和空运的费用问题上纠缠，果然使对方落入圈套。声东击西这一策略的关键就在于把对方的注意力集中在我方不甚感兴趣的地方，使对方增加满足感。同时把一些次要的问题渲染成很重要的问题，让对方多占些“便宜”，同时自己表示很“勉强”地让步。如，我方得知对方最注重的是价格，而我方最关心的是交货时间，那么我们进攻的方向可以是支付方式问题，这样，就可以把对方的注意力引到次要问题上，以实现我方最终要达到的目标。这种策略如果运用得很熟练，对方是很难反攻的，它可以成为影响谈判的积极因素，且不必冒重大的风险。

上演双簧

“双簧”是一种曲艺形式，由两名演员表演，表演时，一名演员在前，模拟动作口形，称“前脸儿”；一名演员藏身在后说唱，称“后背”。两人配合默契，给人一种以假乱真的感觉。

双簧也可以被用到谈判桌上，成为一种有效的谈判手段。这时，“表演”的“前脸儿”可以扮演很称职的“坏人”角色，给对方施加点颜色，用一些手段刺激一下对方。如此一来，对方就不会在谈判中占尽上风，也不会过分抬高自己的价码。而“后脸儿”却对对方笑脸相迎，给人面子，一团和气，显得处处在为对方着想。“后脸儿”的主要任务是保证对方别被“前脸儿”的强硬态度吓退。

“前脸儿”用来刺激对方的方法是多种多样的，但要能够引起对方的忧虑不安。例如，在商谈期间，谈判僵持不下，“前脸儿”突然透露出己方还在和另外的商家接洽，还有很多选择的余地；或者在谈判过程中故意表现出恶劣态度，抱怨商谈时间拖得太久，自己的日程安排得很紧等。凡此种种，都能给对方造成紧迫感，迫使对方早下决心。

当然，这种靠“前脸儿”刺激的方法不能乱用，因为这种方法具有一定的冒险性，容易伤害对方的感情和诚意。而且“前脸儿”如果表现得太过，假戏成真，赶走了真正的合作者，那就得不偿失了。所以，刺激对方必须巧妙，刺激之后也要表现出自己的诚心诚意，而这就是“后脸儿”的工作了。总之，唱这出双簧就是要告诉对方：“我并不是嫁不出去的女儿，而是确实中意于你,就看你领不领情了。”这样的刺激才会促进双方的理解与合作。

在商业谈判中，还可以把双簧表演倒过来做。例如，你可以在不太重要的问题上先做一些让步。然后，在关系重大问题上由你的同伴出面。他会对你说：“你今天上午表现得很慷慨，但在这一点上，你不能再让步了，我们已经让得太多了。”这时，你把脸转向对方，为难地说：“我现在已经无能为力了，一切都只好由你们决定了。”这种双簧表演也许骗不过一个有经验的谈判者,但大多数情况下,在长时间紧张谈判的压力下,往往能够奏效。

某公司与一家大企业准备签订一份重要合同，可是距离合同的签署日只有两天了，代理费还没有谈拢。如果公司退让，就意味着每年要多付几十万元，相当于拿走了全年利润的三分之一。

面对严峻的形势，销售总监想到了一个好主意，那就是演一出双簧，由总经理担任白脸，寸土不让，激怒对方；而销售总监则扮演红脸，在事态严重时出来做“和事佬”，说好话挽留对方。

一开始，总经理对这个主意还比较怀疑。毕竟这个客户是全公司上下努力很久才争取到的，如果激怒了他们，他们会不会就这样一走了之呢？不过听了销售总监的分析，总经理又觉得值得冒这个险。原来，销售总监已经做了一定的调查，得知自己的公司是那家大企业极力争取的客户，他们也想通过谈判寻求解决问题的方法，所以总经理扮演的“白脸”可以再“白”一些，对方是不会因为对总经理的印象欠佳就中止谈判的。

于是，在谈判当天，一进入主题，总经理的态度就十分强硬：“最高5%，一边是高额加盟费，一边是高利润分成，我们还要不要做生意了？”“什么？我态度不好？多少家公司都是这么谈的。拜托贵公司拿出点诚意来，你们总不会想把我们一棒子打蒙了吧？”为了加强语气，他甚至拍着桌子叫道：“不让，一分都不让！我们就是这个价格，怎么说都没用！”

对方的领导脸上一阵青一阵白。最后，总经理更是站起身来，说：“我再也不想和你们谈了！我先告辞了！”说后，转身走了。对方气得脸都红了。他们都觉得总经理这个人不好惹，和他谈肯定谈不拢。

这时轮到销售总监出场了。当天晚上，销售总监给对方打了个电话：“您消消气。我们总经理态度急了些，但他对事不对人，咱们还是能合作的。做生意不斗气。你看这样，明天我们再谈！这次，我来。”销售总监的谦和，让对方感觉舒服了许多，便答应了。

第二天，销售总监按时到达，为了提醒、强化对方对总经理的坏印象，销售总监特意穿上了和总经理同一款式的西服，不同的是销售总监的西服是红色的，而总经理的西服是黑色的。“昨天你们总经理说的5%，我们无法接受，我们只能让到15%。”“你提出的15%超过了我的权限。非要这样，还得请我们总经理来。”销售总监面露难色。

一听要请总经理，对方脸色一变，说：“还是和你谈吧，价钱我们再商量！”接下来，关于合作其他事宜的谈判，销售总监始终保持微笑，说话语气谦和，彬彬有礼，整个谈判十分愉快，最后的价钱定在了8%，比销售总监预想的10%好很多。

最后，销售总监和对方握手告别时，对方还充满同情地说：“你们成天跟那位总经理待在一起，真不容易！”这句话让销售总监差点笑出声来。

显然，销售总监的面孔与总经理的面孔分别看来并无奇异之处，放在一起对比则产生了奇特的妙用，这便是表演双簧的奥妙所在。这种策略的做法是，先由“白脸”出场，采取咄咄逼人的攻势，提出过分的要求，傲慢无礼，立场僵硬，让对方看了心烦，产生反感。然后，“红脸”出场，以温文尔雅的态度、诚恳的表情、合情合理的谈吐对待对方，并巧妙地暗示，如果他不能与对方达成协议而使谈判陷入僵局，那么“白脸”还会再次出场。这番话会给对方造成一种心理上的压力。在这种情况下，对方会由于不愿与“白脸”继续打交道，且由于“红脸”的可亲态度而同“红脸”达成协议。

不伤和气，直述利害

在谈判中，如果能够在对手的要害上下功夫，就能不伤和气，轻而易举地获得最大的利益。因此，任何一个谈判者都不仅应该清醒地认识到自己在谈判中究竟要得到什么，而且还要明确对方究竟需要得到什么。

例如，我国一家制药公司准备与美国某公司就一个合资项目进行谈判。美方表示要以专利、专有技术和商标等工业产权入股，这样就可以少拿出一大笔钱来，而利润却不受影响。倘若我方接受美方的要求，损失就太大了。于是我方谈判人员采取了“擒贼先擒王”的策略，攻其要害。提出美方商标与本合同无关。因为合资企业生产产品的45%由美方负责出口外销，55%由中方负责内销，内销产品不用美方商标，至于外销部分用什么商标，那是美方的事，不能由合资企业付费。而美方的专利大部分也都已过期了。这几句话抓住了问题的实质，给了对方有力的回击，对方只好低头称是。

我方谈判人员正是抓住了对方存在的实质问题，一针见血。

整个谈判有理有据有节，使对方无话可说。

在谈判中随机应变，抓住对方的要害给予打击，常常能够一击奏效。这些要害有的是事先已经被我方掌握的，而有些则是在过招之中对方自己暴露出来的，我方要随时发现对方的把柄。例如，对方论点上的错误、论据上的缺失、论证上的偏颇或其本身性格、行为、感情上的各种局限等都可以成为我方的突破点。在唇枪舌剑中，对手总有说漏嘴的时候，这正是我们穷追猛打的好机会。这种办法用以对付傲气十足的对手较易奏效。

英国驻日公使巴克斯是一个十分傲气的人，他在同日本外务大臣寺岛宗常和陆军大臣西乡南州打交道时，常常表现得十分傲慢，并且经常嘲讽两人。但是每当他碰到棘手的事情时，总喜欢说："等我和法国公使谈了之后再说吧！"寺岛宗常和西乡南州对他十分不满，商量着借这句话教训一下他。

一天，西乡南州故意对巴克斯说："我很冒昧地问您一件事，英国到底是不是法国的属国呢？"巴克斯听了傲慢地说："你这种说法太荒唐了。如果你是日本陆军大臣的话，那么完全应该知道英国不是法国的属国，英国是世界上最强大的君主立宪制国家，怎么可能是别国的属国呢？"西乡南州说："我以前也认为英国是个强大的独立国，现在我却不这样认为了。"巴克斯愤怒地质问道："为什么？"西乡南州笑着说："其实也没有什么特别的事，只是因为每当我们代表政府和你谈论国际问题时，你总是说等你和法国公使讨论后再回答。如果英国是个独立国的话，为什么要看法国的脸色行事呢？这么看来，英国不是法国的属国又是什么呢？”巴克斯顿时哑口无言，从此再也不敢傲慢无礼了。

毫无疑问，任何人都不可能是十全十美的，难免会有弱点，而一旦抓住傲气者的弱点并进行攻击，也就瓦解了其傲气的资本，傲气者只能“束手就擒”。西乡南州正是抓住巴克斯语言上的弱点展开攻势，取得了令人满意的效果。

耐心才能赢

谈判结束的时间被称为“死线”，死线对谈判的成败具有重大意义，因为让步往往在这个时候才会发生。在这一阶段，谈判者通常采用软磨硬泡的战术，迫使谈判对手就范。这就意味着谈判者必须具有极强的耐心，不可急躁，才能迎来胜利的曙光。“耐心才能赢”，这句话已经成为很多谈判者决胜“战场”的法宝。

美国人就曾在与一个小国的撤军谈判中尝到了“疲劳轰炸”的苦果。在谈判中，该小国知道美国正处在总统竞选的关键时刻，不愿把战争无限期地拖下去，所以故意做出漠不关心的姿态。在谈判桌上，他们强忍等待，先用软话稳住美方，又用一些无关痛痒的话消磨谈判时间，眼看美方再也没有精力耗下去了，便抓住这大好时机狠狠“要价”，美方终于被迫做出让步，双方达成了停战协议。

正是因为耐心的缺失，才让美方在谈判桌上丧失了主动权。谈判的过程往往就是耐心的较量，谁先失去耐心，谁便会丧失冷静而败下阵去。所以，耐心是一个优秀谈判者的必备的第一要素。

联系到谈判的实际，就需要谈判者注意如下几个环节。首先要划分阶段，其次要有重点、有详略、有先后。即使会遇到较大的麻烦，也要将争议较大的问题放在最初的阶段中解决。如果能坚持这样做，谈判者就会信心倍增，势如破竹，从而达到自己满意的谈判目的。

一个议员在一次会议中对一项决议投了反对票。没几天，其所在政党的领袖来到议员的办公室，指责他是本党的叛徒，企图破坏该党组织。

议员当时正在写稿件，对方进来时仍没抬头，好像不知道他就在身旁。来客见议员如此冷淡，更是火上加油，越发生气，于是对议员恶毒地辱骂起来。办公室里的其他人对此都非常气愤，以为议员肯定会拾起墨水瓶向他砸去。可是，议员就是不予理睬，依旧默默地写着他的东西。

来客无可奈何，绕着议员的桌子兜了一圈，又回到原位，滔滔不绝地把话重说了一遍。虽然来客几番重复这套盛气凌人的指责，但议员始终没有停下手中的活。直到来客筋疲力尽准备离去，议员才慢慢地停下手中的笔，抬起头来，轻轻地一笑，丢过去一个得意的眼色，说："干吗那么着急走啊？回来尽情地发泄吧！"来客顿时张口结舌，再想要说出责骂的话，却不知道怎么开口了。

这位议员就是一个非常耐心的人，他深知一个人发怒时，如果遭不到反击，是坚持不了多久的。而那个狂怒的人是准备好了来此与议员对质的，并想好了议员会怎样回击他，他再用想好的话去反驳。但是，议员就是耐着性子不开口，所以他也不知该如何是好了。

我们在谈判桌上就可以采用议员的这个办法，不理睬他人对自己的无礼攻击，便是给他最严厉的迎头痛击。那些谈判专家每战必胜的原因，便是当对手急不可耐时，他们依然故我，显得相当冷静与沉着，最终让对手自乱阵脚，从而不费吹灰之力地战胜对手。

以退为进法

凡事不能急于求成。以退为进的策略，就是要告知对方，我方并不急于签约，以给对方造成压力，但同时又捧一下对方，让他们感到舒心，放松警惕。这样，就容易掌握对方的真正意图，摸清对方的底牌，也就掌握了谈判的主动权。这时再以什么方式取胜，就是技术问题了。

可是在许多情况下，有经验之人的底牌一般很难摸清楚，这时就可以用分析和推断来把把对方的“脉”。如果对手有些想打持久战的意图，那么就不妨冒点风险，以退为进，恐吓对方，往往能够打破僵局，得到你想要的结果。

在谈判中你的对手要挟你时切莫上当，或者当你知道了对方怕你撤出谈判时，你也可以装着马上就要停止谈判的样子，让对方接受对你有利的条件。这其实也是谈判双方信息、信心和意志力的综合较量。

因此，你如果想让对方在重要的问题上让步，就不要急于表露出来。你可以在较小的问题上先让步，但也不要过于草率，以免对方看穿了你的意图，就得不偿失了。在谈判过程中，你要学会吊对方的胃口。假如你真的想让对方满意，就让他努力去争取每样能得到的东西。在让步之前，先要让对方去争取一阵。

总之，需求常常是双向的，你有求于对方，对方也有求于你。洞悉了这一点后，就应该利用对手的需求，在谈判中采取以退为进的方略，要挟对手，迫使对手就范，做出妥协和让步。

19世纪末，一家法国公司跟哥伦比亚当局签订了合同，打算在哥伦比亚的巴拿马省境内开一条连通大西洋和太平洋的运河。工程如期进行，可是该公司负责人很快发现，由于巴拿马地形环境比较恶劣，工程进度比预想的慢了很多，资金开始短缺，公司陷入了窘境。

在这种形势下，法国公司只得将巴拿马运河公司以一亿美元的价格卖给美国政府。美国方面本来早已对运河公司垂涎三尺，此时却故作姿态，提出报告，证明在尼加拉瓜开运河更省钱。如果花1亿美元购买巴拿马运河公司，还不如花更少的费用在尼加拉瓜开运河。

法国公司看到这个报告后大吃一惊。由于担心美国退出，法国公司很快就同意降价，只要4000万美元就行了。

然而美国方面仍不满意，他们又通过一个法案，规定美国如果能在适当时期内同哥伦比亚政府达成协议，将选择巴拿马运河，否则，美国将选择尼加拉瓜。

这样一来，哥伦比亚当局也坐不住了，他们同意以100万美元的价格将两岸各宽3公里的运河区长期租给美国，美国每年另外付租金10万美元。

美国方面成功地运用了以退为进的策略，让法国公司和哥伦比亚政府惊慌失措，从而只用很少的代价，就攫取了巴拿马运河的开凿和使用权。

引蛇出洞，诱敌上钩

谈判是双方资讯的交流、竞争。谁能够更多地掌握对手的谈判资讯，谁就能在谈判中占据主动。所以，无论是政治谈判还是商务谈判，获取、搜集、识别对手的资讯已经是一项重要的谈判工作。因此，谈判各方也都很重视对自己的有关谈判资讯严加保密。

但我们对资讯保密性的理解不能只停留在表面上，时时、处处、不分有无效用地死守情报。相反，我们应当灵活地运用情报。适当地“泄密”就是一种巧用情报的策略，能够起到“引蛇出洞，诱敌上钩”的奇效。

某汽车制造公司与一家机械厂谈判，双方进行了几次讨价还价，机械厂的报价还不能使汽车公司满意，但是汽车公司一时也找不出更有力的说法去打动对方，迫其让步。为了打破僵局，汽车公司方面决定适当“泄密”，不再死守自己已与另外两家机械厂商进行接触的商业秘密。面对这突如其来的新情况，机械厂考虑到如果再不让步，谈判可能破裂，汽车公司还有两个选择机会，而自己却将面临失去一个大客户的风险，于是机械厂最终满足了汽车公司的要求。

以上“泄密”的案例中，抛出的是真实的秘密和信息，因而有一定的风险，应用起来需要格外谨慎。不过，“泄密”还有另一种情况，就是故意泄露一些假消息、假情报，利用对手迫切了解自己情报的心理，将计就计，引对方上钩，让对方上当。例如，第二次世界大战期间，盟军就曾在一次战役中将一份假情报放在一只公事包里，然后撤离战场，德军在清扫战场时意外惊喜地获得了这份重要的“情报”。后来，德军果然中了圈套，损失惨重。

需要注意的是，假情报的泄露要非常巧妙，不要让对手察觉，否则过于轻易地被对方获得反会令其怀疑，就无法取得应有的效果了。

诙谐幽默：谈判气氛的调节器

很多人总觉得谈判就应当在严肃的气氛下进行，谈判双方你一言，我一语，刀光剑影，杀气逼人。其实不然。谈判不一定非得在谈判桌旁进行，事实上谈判存在于生活中的方方面面。很多时候，我们已经自觉或不自觉地成了某个谈判的参与者。例如，你要去买东西，讲价的过程就是一种谈判；你去一家新公司面试，关于条件、待遇方面的对话也是一种谈判。

这样的例子还有很多。所以，很多谈判无须绷着脸进行，如果能在谈判中插入些许幽默，既可以缓和紧张形势，制造友好气氛，又可以缩短双方距离，消除对立感，使气氛更融洽。

很多时候，如果你总是一副严肃的面孔，以极其认真的态度上来就“言归正传”，谈判时的气氛就会死气沉沉、闷不可言，总给人一种压抑的感觉，由此造成暂停、休会的次数就可能会很多，甚至会出现达成协议的日期一推再推的情况。所以你应该幽默一点，主动去营造良好的谈判气氛。

良好的气氛对于谈判的达成十分重要。既然谈判的双方不可能摒弃矛盾，也不可能拒绝合作，那么就应该营造一种良好的合作氛围，这是从谈判一开始就应该考虑并注意的。所以，谈判双方在谈判开始以前就应当主动热情地去接触对方，发掘双方的共同点，为谈判打下良好的基础。然后可以就双方的兴趣爱好，双方曾有过的合作经历或共同认识的朋友等，进行交谈，引起双方心灵的“共振”。如果在这个过程中，能够引入几分幽默的元素，就会使效果更加理想。

1943 年，时任英国首相丘吉尔和法国总统戴高乐由于对叙利亚问题的意见存在分歧而心存芥蒂。直接原因是戴高乐宣布逮捕布瓦松总督，而此人正是丘吉尔颇为看重的人物。要解决这一件令双方都感到棘手的事，只有依靠卓有实效的会晤了。

丘吉尔的法语讲得不是很好，但是，戴高乐的英语却讲得相当漂亮。这一点，是当时戴高乐的随员们以及丘吉尔的大使早就知道的。

于是丘吉尔利用这个难得的信息制定了策略。这一天，丘吉尔是这样开场的。他先用法语说道：“女士们先去逛市场，戴高乐和其他的先生跟我去花园聊天。”然后，他用足以让人听清的英语对大使说：“我用法语对付得不错吧，是不是？既然戴高乐将军英语说得那么好，那么他完全可以理解我的法语的。”语音未落，戴高乐及众人哄堂大笑。

丘吉尔用幽默消除了谈判双方的紧张情绪，营造了良好的会谈气氛，使谈判得以在和谐信任的气氛中进行下去。

求职篇

妙语出“佳作”

一般来说，求职者进入人才市场，面临的既是机遇又是挑战。在那里，你将面临求职、面试等问题，需要蓄积与展现你的能力，而最终的结果如何，在很大程度上取决于你的口才。

“礼”不可少

礼节不仅在日常交往中扮演着举足轻重的角色，在求职中也发挥着不可忽视的作用。“你好”“请”“谢谢”“对不起”等礼貌用语，看似简单，用与不用却会直接影响求职的成功率。对此，很多求职者却没有加以注意，以致被用人单位评价为“业务能力不错，但没有礼貌”。

那么，求职中应当怎样说话，才能给用人单位留下最好的印象呢？

见面打招呼，离去说“再见”

求职面试时，要先主动与对方打招呼，说声：“先生 / 女士，您好。”并可以用握手、点头、微笑等方式来表示礼貌。面试结束，也要向对方道一声“再见”。这样会给对方留下一个良好的第一印象。

态度要尽量谦虚

初次见面态度要尽量谦虚一些，并多用敬语“您”，例如“请您多介绍一下这个岗位的情况好吗？”“请问公司如何为员工提供保险和福利？”“很高兴和您见面，希望尽快得到您的面试反馈。”“和您谈话学到很多东西，非常希望能在咱们公司就职。”只短短的几句话，就能让人感觉求职者很有教养。

不要太沉默

有些性格较内向的求职者倾向于等别人发问后再回答问题，但有时用人单位可能也想了解你的想法，听听你的见解，总是消极等待回答问题，不主动表现自我，可能会给人留下冷漠、不够积极的坏印象，要注意避免。

不要夸夸其谈

在谈话中，适当地夸大一下自己过去的业绩倒不算什么，但假如总是喜欢夸耀自己的成就，总是想表现自己的经验与才能，那就很容易让别人讨厌了。例如，在一家汽车企业的招聘会上，一名意气风发的应聘者大谈特谈自己的光辉历史，兴奋处还喊了几句口号，结果导致他最终被该企业所淘汰。当时的面试官一致认为，虽然不否认此人有能力，但他未必适合公司团队发展。夸夸其谈让这位应聘者失去了一份难得的工作。

不要抢话

有些求职者喜欢在面试官说话还未告一段落时随意插嘴，表示自己领悟得快、聪明，生怕不能显示自己知识广博，见解高明。但这样抢话是非常没有礼貌的行为，会给别人留下不好的印象。

不要总用“我”字

在求职过程中，除非对方要求你谈谈自己的事，否则不要老是以自己为中心，句句不离“我”字。面试本就是面试官和求职者互相了解的重要步骤，求职者完全可以通过和面试官的沟通来了解本岗位和本公司的情况，所以应该适当多谈与用人单位有关或对方感兴趣的事。此外，谈话时要注意对方的反应，你的话题要尽可能地投其所好。自说自话，最易使人听得不耐烦。

王威今年硕士毕业，他专业水平很高，动手能力也很强，加上长相出众，导师和同学都认为他一定能够顺利找到理想的工作。然而半年时间过去了，王威依然还在求职大军中努力“奋斗”着，这不禁让人大跌眼镜。

原来王威性格比较随意，在家中也是以自我为中心，这让他失去了很多很好的机会。他在面试中讲话很直白，基本不用礼貌用语，而且常常大大咧咧地对面试官说：“你们给多少钱啊？”“保险怎么上？”“不提供住宿啊？”“你们的企业文化是什么啊？”“怎么晋升啊？”给人的感觉好像讨价还价，结果可想而知。

有一次，王威去一家外企面试。在与外籍面试官的对话中，王威用流利的英语展示了自己的实力，也让其余面试官频频点头。可谈话到一半时，他的手机响了。此时，他连句表示歉意的话都没说，就起身出去接电话。返回时，他还对一旁面露诧异神情的考官潇洒地说了句“you can go on”（你可以继续了）。因为不懂得尊重别人，他最终没有被该企业录用。

王威至今也不明白为什么自己总是“怀才不遇”。他甚至还直接把电话打到招聘单位，口气生硬地说：“为什么你们公布的录用名单里没有我，我什么地方比别人差？”还没等用人单位解释，他就挂断了电话……

现实中像王威这样的求职者是很多的，他们对必要的礼节没有足够的重视，认为自己是不拘小节，可恰恰是这些不起眼的“小节”让他们难以赢得用人单位的好感。其实，除了知识、技能之外，礼貌、品行也是求职者应当展现给用人单位的重要方面。因此，每一个求职者都应当为自己补上应聘技巧和礼貌素养这重要的一课。

言语得体显魅力

面试是求职者和用人单位能否最终“联姻”的关键一环。许多应聘者事先做了大量的准备工作，绞尽脑汁希望在面试官面前淋漓尽致地展现自己的才华与智慧，赢得对方的赏识。但很多求职者却忽略了一个基本的事实，那就是口才是你展现魅力和综合素质的必备要素。毕竟面试的主要过程是通过求职者与用人单位一问一答的形式展开的，因而面试对于语言艺术的要求很高。如果求职者穿着高雅、仪表不凡，一开口，说话的水平却让人不敢恭维，让面试官倒尽胃口，结果自然可想而知。

那么，求职者应当如何在面试时展现自己的语言魅力呢？

首先，讲话要有内容。要做到这一点，离不开知识的积累。知识积累是口才学习入门的“敲门砖”，没有养成勤于积累的习惯，就会限制求职者的思路和视野，使求职者不能思接千载，视通万里，降低求职者的语言表现力，求职者说出的话自然就显得平庸、空洞。

其次，要学会准确地选用语句。语句选得好，就会增强面试时的表达效果。如果求职者能够针对提问运用一系列清晰流畅的语句，切中题旨，并阐明自己的思想，就很容易取得令人满意的面试结果。

再次，求职者要学会组织语言，使自己的话听上去条理清晰、脉络分明，给人精明强干的印象。因此，在回答问题时，应将你的答案归纳成几点。也许你的思维不是太敏捷，需要边回答边思考，不断对答案进行完善，因而不能马上说出你将回答几点。但你可以在阐述第一点的过程中，去思考第二点、第三点……最后，你再总结说“关于这个问题，我认为是以上几点，不知妥否。”这样即使你回答的没有那么准确、完善，也会使主试者觉得你的思路比较清晰，办事条理分明，作风严谨踏实。

此外需要注意的是，求职者要提醒自己尽量少用语气词和口头禅。例如，老是用“那么”“就是说”“嗯”等引起下文，或者，在英语的表达中使用太多的：“well”、“and”、“you know”、“OK”及故作姿态的“yeah”等，不仅影响语句的连贯性，还容易惹人生厌。

最后，求职者还需要注意一些非语言方面的因素。例如，无特殊情况不可随便打断面试官的讲话，不可在说话时夹杂太多的手势和身体动作，尽量使用普通话交流而不是方言等。这些看似微不足道，有时却直接影响着面试的成败，应当引起求职者足够的重视。

某重点工科大学热门专业的应届毕业生小童，接到国内一所

大型企业研发部门应聘系统工程师职位的面试通知。小童大学四年成绩优秀，并且在国内有影响的学术刊物上发表过论文，动手操作能力较强，很适合从事研发工作。尽管如此，由于竞争者众多，小童对面试并没有十足的把握。

面试当天，公司人力资源部的两位主管先问小童是否了解这家公司，然后就问小童身高多少、有无女朋友等与职位无关的问题。出身名校且略显孤傲的小童，态度马上由尊敬转化为轻视，这种轻视也在神情中不自觉地流露出来。

随着面试过程的深入，小童逐渐放松下来，他习惯性地撸起袖子，手里下意识地转着一根圆珠笔，双腿还不停地抖动，不时碰响桌子。由于心不在焉，小童好几次没听清面试官的问题，总要人家重复几遍他才能做出回答。轮到小童提问时，他又问了一些与系统工程师职位有关的问题，可面试官似乎不太了解，用略显厌烦的语气敷衍了事。

小童离开后，面试官对他做出了评价："……有较强的专业研究能力和较大的发展潜力……面对压力心理素质较差，在人际交往方面有较大缺陷……对公司不够重视……不予录用。"

小童在面试中不恰当的非语言行为是导致他面试失败的主要原因，在面试过程中小动作不断、心不在焉、答非所问，不能很好地与面试官沟通，都给面试官留下了恶劣的印象，而这些本是可以避免的。

注意说话分寸

在求职过程中，要注意说话有分寸，才能给用人单位留下好印象。可是不少求职者对这一点却没有足够的重视，总是有意无意地说出一些有失分寸的话，轻则引起对方的反感，重则给自己引来麻烦，堵塞求职之路。因此，求职者应特别注意谨言慎行，注意自己说话的分寸。

要做到这一点，你应该遵守以下几条说话的准则。

不要抱怨和发牢骚

抱怨和发牢骚是无能和虚弱的表现，但不少求职者在面试时都喜欢抱怨原单位，习惯将原单位使劲“往下贬”，以为这样就能赢得招聘单位的欢心。殊不知，面试官会从这种厚此薄彼的回答里看出求职者对自己下一个单位的态度。但如果求职者停止对原单位的抱怨，用客观的态度说明自己离职的原因，并突出表现自己对原单位的感激之情，反而会给面试官留下好印象。

不要人云亦云，要有主见

很多单位都喜欢有头脑和主见的员工，而你要做的就是在面试时将这一点表现出来，不要总是面试官说什么便随声附和，更不能盲目且没有分寸地对招聘单位大加吹捧，给人留下虚伪、谄媚的印象，这对求职成功非常不利。

有话好好说，不要争论

求职过程中说话态度要和气，要让对方觉得有亲切感。即使是在与面试官意见不一致时，也不要大声争辩，更不能用手指着对方，这样会让人觉得你没有礼貌，让人有受到侮辱的感觉。正确的做法是迂回反驳，如可以这样说："是的，您说的也有道理，在这一点上您是经验丰富的，不过我也遇到过一件事……"这样可以引导面试官自己得出正确的结论，避免了与面试官直接发生冲突，又巧妙地表明了自己的观点，很有分寸感。

不要当众炫耀自己

即使自己的专业技术过硬，也不能成为炫耀的资本。骄傲使人落后，谦虚使人进步。再有能耐，在求职过程中也应该小心谨慎。强中自有强中手，也许坐在你对面的面试官在资历、专业素养、知识水平等方面都高出你很多倍，而你却一味吹嘘自己的"辉煌"经历，结果只能成为别人的笑料罢了，而恃才傲物、眼高于顶的表现更会让你失去很多本来唾手可得的机会。

说话要尽量客观

这里所说的客观，就是尊重事实。事实是怎么样就怎么样，应该实事求是地反映客观实际。比如，在面试过程中，要有选择、有针对性地展示自身的特长和优势，但也不能回避面试官提出的对于自身缺点、不足的疑问。人无完人，不要害怕会被招聘单位发现自己的短处，如果能够坦然面对，更会赢得面试官的好感。

某大型企业举办了一次招聘会，一时之间，求职者如潮水般涌来。经过了几轮笔试、面试，能够真正让招聘方满意的求职者并不多。

这天面试快结束时，来了一位其貌不扬的求职者。人事部经理经过一天的工作，早已疲惫不堪，便随口让求职者简单地介绍一下自己。

那位求职者不慌不忙地微笑着说："也许您觉得我个子比较矮，不过我的干劲和工作激情却很高。我的长相虽然一般，可是我的工作能力却绝对不一般。"求职者幽默风趣的几句话一下子引起了经理的兴趣。接下来，经过一番问答后，经理发现这位求职者确实很有才华，也有自己的想法和主见。不过，经理还想对他进行一个小小的考验。

于是，经理问道："我看到你在大学时成绩很一般，这和你说自己能力很强有矛盾吗？”

该求职者思忖片刻，坦然地回答道：“我的学习成绩确实不是很突出，这是因为我在学习期间由于家庭经济方面的原因兼职了多份家教，同时又担任了学校社团的负责人，这些都占用了我的一部分时间和精力。但凡事有利也有弊，做家教和担任社团负责人虽然影响了我的学习成绩，却给我带来了另外的收获，那就是让我的实践能力和组织领导能力得到了锻炼提高。我认为考试成绩只能代表个人能力的一个方面，我对自己的综合实力很有信心，我相信贵公司会更看重一个人的全面素质和综合指数，而不是成绩单上的数字。”

经理对他的回答非常满意，但还是不露声色地继续提问道：“那么，是什么原因让你选择了我们这家公司？”

求职者说：“贵公司在本地有着良好的口碑，我对贵公司可以说是心仪已久。看到招聘启事后，我觉得自己能够符合贵公司的要求，所以就前来应聘，我有信心通过公平竞争得到梦寐以求的工作。”

经理点点头，问道：“你也看到了，参加面试的人这么多，你能给我一个录取你的理由吗？”

求职者用信心十足的语气说道：“当然，今天参加面试的朋友很多，并且都很优秀，这在一定程度上证实了贵公司的吸引力。不过我认为，我在校学习期间的兼职工作经验及毕业后实习的经历，是我优于其他人的地方。我只需一个较短的磨合期，便能胜任工作。”

经理几乎已经在心中为这位求职者打了满分，他提出了最后一个问题：“你期望的薪水是多少？”

求职者回答道：“对于工资及福利待遇我没有具体要求，我相信公司会根据每一位员工的工作业绩给予其合理的报酬。”

面试结束后一星期，这位求职者接到了这家公司的录取通知。

这名求职者之所以能够获得认可，是因为他在面试中充分地表现出了自己的口才、素养及实事求是的品格。他的回答不失分寸，既不回避自己的缺陷，又不过分迎合招聘单位的意愿。对于一些比较难以正面回答的问题，如“薪水问题”，他则巧妙地避开具体数字，表达了对招聘单位的信任，同时也表现了希望得到合理报酬的人之常情。这样有分寸的答案自然会令招聘方感到非常满意。

金蝉脱壳计

在面试过程中，不少精明的面试官喜欢故意给求职者设下陷阱、圈套，以考验求职者的反应能力、品行、胸怀等，因此，能否巧妙地“金蝉脱壳”，给出一个让面试官满意的答复，对于最终能否被录用非常重要。当然，求职者首先要识破这些陷阱和圈套，才能小心巧妙地绕开它们，不至于一头栽进去。

那么，在哪些情境下求职者应当格外小心，以避免落入面试官设下的陷阱呢?

当面试官突然变得咄咄逼人时

有时面试官会突然用怀疑、尖锐、咄咄逼人的眼神逼视求职者，令求职者的心理防线步步溃退，然后冷不防地用一个明显不友好的发问激怒求职者。例如，“你经历太单纯，而我们需要的是社会经验丰富的人。”“你性格过于内向，这恐怕与我们的职业不合适。”“我们需要名牌院校的毕业生，而你并非毕业于名牌院校。”“你的专业怎么与所申请的职位不对口？”面对这种咄咄逼人的发问，求职者首先要做到的就是无论如何不要被激怒，如果你被激怒了，那你可就中圈套了。面对这样的发问，你可以这样回答："没错，我确实经验不丰富，可是我确信如我有缘加盟贵公司，我将会很快成为社会经验丰富的人，我希望自己有这样一段经历。""不错，内向是我的一大缺点，可我还具有专心致志、锲而不舍的品质，另外我善于倾听，因为我感到应把发言机会多多地留给别人。""是的，我毕业的院校非常普通，可我听说比尔·盖茨也未从哈佛大学毕业。"总之，你要做的就是配合面试官演好这出"戏"，让面试官发现你是一个胸襟广阔、踏实诚恳还不乏几分急智的人，那么他自然就会向你抛出橄榄枝了。

当面试官抛出一些两难问题时

两难问题的特点就是无论你怎样回答都不会让对方满意，这时你就不要想着老老实实地找个正确答案，而是应当冷静分析面试官问这道题到底想要考察你的哪一方面，然后从这个角度出发去回答，你的答案就基本能让苛刻的面试官感到满意了。例如，面对"您作为财务经理，如果总经理要求您 1 年之内逃税 100 万元，您会怎么做"的问题，实际上，面试官这时真正考核的不是你的业务能力，而是你的商业判断能力及商业道德方面的素养，因为在几乎所有的国际化大企业中，遵纪守法都是对员工行为的最基本要求。所以，你可以这样回答："我想您的问题只能是一个'如果'，我确信像贵公司这样的大企业是不会做违法乱纪的事情的。当然，如果您非要求我那么做的话，我也只有一种选择——辞职！”当面试官听到你的这个答复，一定会对你的正直和坚持原则大为赞许。

当面试官故意在言辞中露出破绽时

有时，面试官会故意说出一些明显存在错误的观点，若你一味讨好，顺着面试官的错误往上爬，而不敢提出任何异议，结果一定会给面试官留下“无主见，只知道奉承领导”的坏印象。

在面试中屡战屡胜的夏叶有过一次这样的面试经历。当时，因为她的学习成绩并不算顶尖的，这一点便成了面试官发起攻击的要害：“你的成绩好像不太出众哦，你怎么证明自己的学习能力呢？”

夏叶不慌不忙地说：“不是只有成绩才能反映人的学习能力的。其实我的专业课都相当不错，如果你有疑问，可以当场测试我的专业知识。”夏叶巧妙地绕开了令人尴尬的问题，将面试官的注意力引到她最拿手的专业知识上，赢得了面试官的认可。

对于案例中的这类问题，如果你顺着杆儿爬，回答说：“那门功课太难了，所以……”那你可就大错特错了，因为面试官问这种问题绝对不是想知道你为什么成绩不高，而是想考验你面对问题时所表现出的态度。而夏叶的处理办法就很成功，既不推卸责任，也不一味自责，而是直面现实，并巧妙地把话题从总体成绩转移到专业课成绩上来，轻松跳出了面试官设下的陷阱。

小心绕礁石：保护隐私的技巧

在求职过程中，常常会有一些单位喜欢向求职者询问一些涉及个人隐私的问题，如“你有男（女）朋友吗”“你准备什么时候结婚”“如果顾客对你提出性要求，你会怎么办”等。按照常理，招聘单位问及这些个人隐私问题，明显有些侵犯隐私权的嫌疑。但是，也有些招聘企业认为，向应聘者询问这些问题并无不妥之处。通过问这些问题，一方面可以根据应聘者的实际情况安排适合的岗位；另一方面也可借敏感问题来考察应聘者的应变能力，考察对方能否在不情愿的情况下顾全大局，既维护自己的利益，又让事情得到圆满解决。

但是对于求职者来说，如何回答这些敏感问题就成了一件令人头疼的事。求职者也不知道怎么回答才能让用人单位满意，因为不同的用人单位对这些问题的态度也是不一样的。而且关系自身隐私的事情被人一再追问也确实令人很不舒服，那么，求职者应当如果绕过“礁石”，既让用人单位满意，又保护自己的隐私呢？相信下面的几种方法会给你一些启发。

曲解概念

如果你对对方提出的问题有明显的反感时，就可以以对方提及的某个概念为出发点，再有意地曲解、发挥和阐释一番，这样既挡开了对方对自己隐私的窥探，也不至于因直接拒绝回答问题而使对方不满。

绕圈子

某位女性求职者在面试时被问及“婚后是否计划在近期内生育”，她这样回答道：“我很重视自己的事业，因此我的决定以不影响我的工作和单位的利益为前提，我会理智地处理好这个问题！”“是”还是“否”？她实际上并没有给面试官确定的答案，她用的就是和对方绕圈子的技巧，绕来绕去，最后对方什么信息也得不到。但这样的回答乍听上去还非常合情合理，面试官也挑不出任何毛病。

答非所问

有时，面试官可能并非故意想要挖掘你的隐私，只是不小心错问了不该问的问题，这时你不必恼怒，可以采取答非所问的办法来应付，对方如果知趣的话，立刻就会发现自己已经误触“雷区”，便不会再继续纠缠下去了。

当面拒绝

有时，如果对方打听你的隐私，你可以开门见山，指出对方问话的不当，直接表达自己的不满。甚至当求职者认为自己在面试时被问及的问题有损个人尊严，并给自己造成了严重伤害的话，还可以投诉或报警，以保护自己的合法权益不受侵犯。

不过，值得注意的是，有的行业在招聘员工时是有权了解一些可能在你认为是隐私的问题，如饮食行业需进行身体检查，了解求职者是否患乙肝等传染性疾病；招聘模特则需要测量三围等。因为这些因素对你是否能胜任相关职务起着关键作用。

梁晓欣是北京一所著名高校的毕业生，她凭借优秀的成绩经系里推荐到一家国企求职，层层考核下来，最后，她获得了与招聘单位负责人单独面谈的机会。

“你有男朋友吗？”这位男性负责人突然这样发问。

梁晓欣本来为这次面试做了很多准备，却没想到对方会问出这种隐私问题，她不知如何回答才能让负责人满意，便如实答道：“有。”

“他现在在本地还是在外地？”

“他在办出国手续。”梁晓欣仍然老实地回答。

“你将来会不会跟他一起出去？”

“我的专业出去了也派不上用场，所以没想过要出去。”

“那你们是不是要分手了？”

“没有。”

“如果你的上级比较喜欢你，你会怎么办？”

“那说明我的工作做得还不错，我会再接再厉，更上一层楼。”

“要是你的上级对你有非分之想呢？”

这时梁晓欣已经有些生气了，她实在不明白这种问题与自己将来的工作有什么关系，不过也许这家单位有某些特别的考虑吧，于是她让自己尽量平静，用非常严肃的态度回答道：“你们能提出这个问题，说明贵单位的高层领导都是光明磊落的人。如果真有这样的事情，我会第一时间向单位反映，以求公正地解决，但我不会将事情扩大化，给单位造成不良影响……”

这番话一出口，梁晓欣终于看见负责人脸上露出了满意的笑容。他起身热情地与梁晓欣握手，并恭喜她已经正式被该单位录用了。

面对一系列涉及隐私的问题，梁晓欣始终不卑不亢地回答，这种落落大方的态度使她最终赢得了这个职位。

言多必失，少说为佳

在参加面试时，求职者都会精心组织语言，力求完满地回答招聘单位提出的问题。有些求职者为了显示自己的能力，除了回答问题之外，还会自我发挥一番，不停地讲述自己过去所取得的成就，却不知道自己已经触犯了言多必失这个面试禁忌。

在求职过程中，说得太多反而会产生很多副作用，如会给招聘单位留下夸夸其谈、自我吹捧的不良印象。这样不但不能显示自己的真实水平，反而特别容易引起招聘者的反感。另外，初次见面，你对招聘单位的价值观和企业文化了解不多，话太多了也容易说出犯忌之言，同样会给自己的求职造成不利影响。所以，在求职过程中应时刻谨记“言多必失，少说为佳”这条规矩。

也许有的求职者会反驳：“既然话说多了没好处，那么，口才兵法也就不必详细研究了。”其实不然，少说话固然是美德，但我们既然生活在现实社会中，就只能“少说”而不是完全不说。既要说话，又要说得少，说得好。

那么，求职过程中应当说什么，又应当少说什么呢？

准备一段简洁明了的个人介绍

个人介绍常常是求职面试的第一步，而对于自己工作经历、专业技能等的描述应以尽量简洁为佳，可以谈谈在过去的工作中你所遇到的问题和采取的相应行动，以及随后发生的结果，这些经历往往具有很强的说服力，但要注意讲述的时间最好不要超过两分钟，只要能够使招聘单位承认你的背景符合所申请的工作即可。

正确回答招聘单位提出的问题

对于面试官提出的问题，要审慎回答。如果面试官要求你说说过往的职业经历，你就可以反问他："您希望我从现在说起，还是从刚开始工作时说起？"这样的反应证明你心理上已经准备好了为面试官讲述自己的经历，而这样的回答也可以为自己提供一段短暂的整理思路的时间。

适当提出自己的疑问

很多招聘单位希望听到求职者提出的问题，以借此测试求职者对这份工作有多大的企图心、决心和热情。如果求职者不知道该从何问起，甚至不提出任何问题，就很可能会让面试官认为求职者想要得到这份工作的决心还不够强。因此，求职者应该更积极、主动地利用最后一关面试的机会，适时提出问题，这不但有助于面试官加深对你的印象，而且你也能趁此机会进一步了解这家公司的背景、企业文化是否适合你。像“贵公司对这项职务的工作内容和期望是怎样的”“贵公司是否有正式或非正式教育训练”等都是比较适合提出的问题。而至于薪资待遇、年假天数、年终奖金、福利措施等问题，如果面试官没有主动提及，求职者就不应再追问，否则会使自己在面试官心目中的印象大打折扣。

在面试后礼貌地要求答复

面试结束时，求职者可以礼貌地要求面试官给出答复时间，如果面试官说在所有面试者都接受了面试之后才能给出答复，这也是必经的程序，应表示谅解；有的面试官会告诉你回去耐心等待，这时也应表示理解；如果面试官直截了当地告知“我们认为你的条件不符合这项工作”，求职者也不要大动肝火，而要表现得大度一些，并对对方花费时间来面试自己表示谢意，这也能充分体现出求职者的职业素养。

少说与应聘无关的信息

许多紧张的求职者总是在面试时不停地讲述一些与应聘无关的信息，这会给面试官造成很差的印象，从而缩短面试时间，减少更多的提问。因此，求职者要注意观察面试官的肢体语言，一旦发现其有停止记录、查看时间等表现，就应结束自己的“长篇大论”，等待面试官问出下一个问题。

少说原单位的不足与缺点

每个企业都有自己的长处和不足，原单位可能确实存在某些缺憾和让人不满意的地方，但求职者千万不要在应聘时将原单位和原领导、原同事贬得一无是处。这只会让招聘单位怀疑求职者的心胸、人品，进而影响面试的结果。

李岚接到了一家会计师事务所的面试通知，而这份工作是她一直以来梦寐以求的，这让她既兴奋又紧张，生怕自己会通不过面试。这种紧张情绪一直持续到面试当天，当面试官要求李岚说说自己的长处时，她语无伦次地发表了一段冗长的"演说"。她试图向面试官证明自己是一个各方面都相当优秀的人，于是在这个话题上不停地讲了五六分钟。直到她说起自己热爱整洁，会把家里的每一个角落都打扫得干干净净时，早已不耐烦的面试官终于打断了她，让她谈谈关于办公室人际关系的问题。这次李岚又花了十分钟对面试官讲了一些完全不搭调的内容。面试官几乎有些恼怒了，他转动眼珠，用钢笔轻敲李岚的简历，暗示她应该回到本来的话题上来，可李岚却没有留意面试官的表现。最终，面试官只好告诉她面试结束，因为时间还要留给后面的应聘者。

在面试中讲得太多，让李岚失去了原本很有希望的工作机会。

公关篇

公关者，“攻关”也

说得好，不如说得巧。巧嘴巴在公关活动中的出色表现，显示了口才的艺术和技巧。只要遵循口头语言的表达规律，在实际中灵活发挥和运用，便能在公关活动中做到“胸怀锦绣，口吐华章”。

慎用称谓，巧打招呼

公关是与人打交道的活动，而与人打交道的第一步就是打招呼，这看似平常的问题却能够体现出一个人在日常细节处的涵养。特别是与人打招呼时选择什么称谓，更是一个值得注意的问题。称谓使用得准确、恰当，才能传达出对对方的敬意，也会为自己在对方眼中营造出一个良好的第一印象。反之，称谓用得不谨慎、不恰当，对方听了心里就会很不舒服，之后的公关活动也就很难顺利进行了。

由此可见，称谓问题虽小，却不可随便对待。特别是从事公关工作的人更应该为此下一番功夫。那么，选择称谓要注意哪些问题呢?

称谓的选择要符合对方的身份

在比较正式的场合，选择的称谓一定要与对方的身份、职务、职称等相称，这样才显得庄重、正式、规范。例如，可以在对方担任的职务前加上姓氏作为称谓，如周处长、马部长、李局长等，非常正式的场合下还可以在职务前加上姓名来称呼对方，如王 ×× 书记、张 ×× 总裁。对于具有职称者，尤其是具有高级、中级职称者，则可以直接以其职称相称，或在职称前加上姓氏、姓名，如谢总工程师、杨教授等。另外，对于从事某些教育、医疗等特定行业的人，可直接称呼对方的职业，也可以在职业前加上姓氏、姓名，如李老师、吴医生、龚律师等。

称谓的选择要符合对方的年龄、性别

在不清楚对方职务、职称的情况下，就要根据对方的年龄、性别选择合适的称谓。例如，德高望重的长者，可在其姓氏后加“老”或“公”，以示尊敬，如闻老、齐公等。

对于年纪较轻的女性，可以称呼“小姐”“女士”，在已知对方已婚的情况下则尊称“太太”“夫人”，但如果不知对方婚姻状况的话则不宜贸然称呼对方“太太”“夫人”等，以免引起不快，此时可以用“女士”来称呼对方。对于男性，则可不论其婚否统称为“先生”。

称谓的选择要符合所处场合的要求

对于称谓的选择还要注意场合，如在正式场合，称呼对方王经理、张厂长、赵校长、孙局长等是非常必要的，因为这能体现工作的严肃性，也是对对方的权威性的一种肯定，有助于公关活动的顺利开展。在非正式场合，如果与对方已经比较熟悉，就可以不称官衔，而直接以老张、老李等称谓相称，这样可使人感到平等、亲切，形成一种和谐的交谈气氛。

一见如故遇知音

公关活动中不可避免地要和很多的陌生人打交道，面对陌生人，很多人都有不知如何开口的感觉。有的人甚至见了陌生人就一言不发，这其实是不明智的。事实上，与陌生人交谈是一个难得的锻炼口才的机会。这是因为陌生人之间的交往是从零开始的，需要有意识地运用沟通技巧来建立融洽的关系，消除生疏感，这对口才的要求无疑是比较高的。口才兵法运用得好，初次见面的人也会有“一见如故遇知音”的感觉。反之，“口才兵法”运用得不理想，就会导致沟通受阻，双方局促无言，从而陷入尴尬的局面。

那么，应该怎样交谈才能达到与陌生人“一见如故”的效果呢？

尽快地熟悉对方

同陌生人交谈的最大困难就在于不了解对方，因此同陌生人交谈时的首要问题是尽快熟悉对方。如果事先知道要同陌生人见面，就可以通过其他途径了解一下对方的基本情况，这样谈话时就能做到有的放矢，找到对方感兴趣的话题。对于不期而遇的陌生人，也可以通过互相自我介绍去熟悉对方，然后试探性地引出更深入的话题。在谈话过程中，要注意随时留心对方态度的变化，对对方的兴趣要充分尊重，千万不要在对方谈兴正浓时打断他，当对方兴趣转移时也不应纠缠原来的话题，而应随机应变地巧妙引出新话题。

寻找相似之处，拉近距离

与陌生人拉近距离最好的方法是找到彼此间或显或隐、或近或远的关系，如亲戚关系、同乡关系、校友关系等。这些较为亲密的关系会给人一种温暖、亲切的感觉，使交际双方易于建立信任感。特别是当一个人突然得知面前的陌生人与自己有某种关系时，更会有一种惊喜的感觉。这样有利于形成坦诚相待的气氛，打破初次见面时由于生疏造成的心理上的防备。

巧妙恭维，增添好感

在与初次相识的人交谈时，适度的恭维也是一种很好的手段。如果能够以直接或间接赞扬对方作为开场白，就容易让对方产生好感，激发其交谈的积极性。例如，可以对对方的职业、爱好等发表由衷的赞叹，既能表示友好，又能让对方很自然地将你视为朋友。不过恭维的话不可过多过滥，并且要注意不可触及对方的短处，否则不仅达不到目的，还会让对方产生“话不投机半句多”的感觉，非常扫兴。

寻找共同点，真心做知己

在与陌生人交谈的过程中，要注意观察，从他的话语中仔细揣摩，以发现双方的共同点，如共同的爱好、共同的生活环境、共同的生活习惯。等只要足够细心，共同点并不难发现。如果从这些共同点出发，就能找到双方都很感兴趣的话题，从而打破沉寂，畅谈自如，层层深入，由陌生人变为一见如故的朋友。

到什么山上唱什么歌

俗话说："到什么山上唱什么歌，看什么人说什么话。"放在公关场合，就是要学会"看人下菜碟"，也就是说，要分清对象，因人而异，要尽量使用对方认同的语言，谈论对方熟悉和关心的话题，这样才能敲开对方的心门，达成目的。

为此，在开展公关行动之前，你应当对公关对象有充分了解，并注意考虑以下几点因素。

对象的文化知识水平

文化知识水平不同，对话语的接受能力也是不同的。因此，在公共活动中要考虑对方的文化背景。如果总是从对方一窍不通或一知半解的问题引出话题，他们就会觉得味同嚼蜡、无言以对，这样一来，要想深谈下去是很难的。但是如果能抓住对方的职业或专长的特点，诱发话题，就能比较容易地触动他的心灵，公关也会更有效果。

对象的身份、地位

公关活动中要注意分清对方的职务高低、声望大小等，如果要与地位较高、德高望重的人谈话，就应表现出足够的尊敬，同时注意用简练、恰当的语言回答对方提出的问题，尽量不讲与公关无关的题外话。而与职位比自己低的人谈话时则要表现出足够的庄重，切勿漫不经心胡乱敷衍，要让对方感觉到你对他说的话感兴趣，他才会主动地将谈话进行下去。

对象的性别

公关对象性别不同，应选择不同的话题、说话方式、措辞等。例如，女性对外貌比较重视，你在无意中说她体形较胖，就会令她十分反感。而同样的话对一名男性说，他可能只会付之一笑。另外，在公关场合，和男性交谈时，可以先谈一些关于政治、商业、法律、税收、体育、个人事业等方面的话题，以引起对方的兴趣；在和女性交谈时，则可由感情、家庭、人际关系、饮食、服饰和生活方式等话题入手，并采取一种能促进其感情升温的谈话口气、态度和方式，那么，交谈就能愉悦、顺利地继续。

对象的年龄

公关对象年龄不同，所选择的交流方式也会相应有所变化。

例如，和老年人交流要尽量谦虚，并要注意少说涉及年龄的问题，因为很多老年人更希望自己在他人眼中显得比真实年龄更年轻。而对于比自己年龄小的平辈人，则不宜以居高临下的态度展开交流，你可以站在一个平等的角度，给予对方充分的尊重，而对方也会用同样的尊重来回应你，公关自然也就无往而不利了。

除了以上因素外，在公关场合还要考虑公关对象的国籍、宗教信仰等因素。只要分清对象、场合，你就能够在公关活动中处处游刃有余，时时得心应手。

大学问家孔子某次带着几名学生出外讲学、游览，一路上十分辛苦。一天，他们来到一个村庄，在一片树荫下稍作休息。不料，孔子的马突然挣脱了缰绳，跑到庄稼地里吃了人家的麦苗。一个农夫上前抓住马嚼子，将马扣下了。

子贡是孔子最得意的学生之一，一贯能言善辩。他自告奋勇地上前去企图说服那个农夫，争取和解。可是，他说话文绉绉的，满口之乎者也，对农夫讲了很多大道理，可那农夫一句也没听懂，干脆不再理睬子贡。

这时，一名刚刚跟随孔子不久的新学生看到这个情景，便对孔子说："老师，请让我去试试看。"得到孔子的同意后，这学生走到农夫面前，笑着对农夫说："你并不是在遥远的东海种田，我们也不是在遥远的西海耕地，我们彼此靠得很近，相隔不远，我的马怎么可能不吃你的庄稼呢？再说了，说不定哪天你的牛也会吃掉我的庄稼呢，你说是不是？我们该彼此谅解才是。”

农夫听了这番话，觉得有些道理，又见那学生满脸诚意，便不再责怪他们，将马还给了孔子，还说：“像这样说话才算有口才，哪像刚才那个人，说话一点也不中听。”

子贡的话之所以“不中听”，是因为他说话不看对象，用与知识分子交流的那一套方法对农夫说话，结果自然是“鸡同鸭讲”，无法沟通。而孔子的另一个学生就懂得“到什么山上唱什么歌”这个道理，用农夫能够听懂的话与之交流，自然能够获得成功。

无往不胜的赞美

在公关交际中，我们经常需要用“赞美”这个无往不胜的武器去敲开别人紧闭的心门，从而让自己赢得别人的认可和接受。每个人都有渴望赞美的心理，恰到好处的赞美，不但可以满足他人的心理需要，更可以获得他人的好感与友谊。但有不少人十分吝惜对他人的赞美，很难对别人说出一句赞美的话，这样做对于公关交际毫无益处。赞美和恭维可称得上是人际关系中至高无上的“润滑剂”，而且这种美丽的言辞又是免费的，如此利己利人的事，何乐而不为呢？

不过，虽然人人都喜欢听赞美的话，但并非任何赞美都能使对方高兴。能引起对方好感的只能是那些发自内心的真诚赞美，而且赞美也必须遵循一定的原则，这样才有可能达到良好的效果。

赞美的话应当是充满诚意的

随便说几句人云亦云的客套话去赞美一个人或一个集体并不难，但无法使被赞美者受到触动，这样的赞美收效甚微，更可能给别人留下油嘴滑舌、虚伪的坏印象。而发自内心、充满诚意的赞美就完全不同了，它不仅能使被赞美者心情愉悦，而且连赞美者自己也会在这种真诚的赞美中享受到愉快和满足的体验。“你们公司业务发展真快，值得我们学习。”这种赞美语言分寸掌握得适度，没有夸大之嫌，会让对方感觉找到了知音，找对了值得信赖的合作伙伴。

赞美他人要找到适当的切入点

为了找到赞美他人的切入点，平时要注意观察，去发现别人身上或大或小、或多或少的优点和长处。找对了切入点，赞美的话听上去就更能让人印象深刻并深受感染。例如，可以赞美对方新近的变化：“最近你的皮肤变白了。”“最近你的工作效率真高。”可以赞美对方隐蔽的优点：“你不但长得好看，而且还很细心。”“没想到你的字也写得这么好。”相信很少有人会不被这样的赞美所打动。

学会间接地赞美他人

有的人不习惯于当面直接赞美别人，就可以采用间接赞美的方式，其意义与效果并不亚于直接赞美。例如，你可以有意将对方的优点公布于众：“大家看啊，小李又有一个新创意了。”“告诉大家一个好消息，刘杰又获奖了。”你还可以用第三者的口吻赞美对方：“他们都说你人很好。”“听你们领导说，你的文笔很好。”间接赞美听起来好像是无心之语，但被赞美的人一定会领悟你的好意，在你的赞美中，他会有一种价值被肯定的感觉，自然会对你好感大增。

赞美的话别说过头

赞美他人时，还应该掌握好分寸，实事求是。语言的使用要自然朴实，言之有物，避免使用陈词滥调。在词语运用上要留有余地，不要走极端，更不要用一些有绝对化倾向的修饰语，如“最”“一定”“全部”等。过头的赞美会有一种变味的感觉，让人听上去很不舒服，无法达到应有的效果。

林华是一家家具公司销售部的业务员，某日，他到一家大公司推销家具。他好不容易才等到与公司经理面谈的机会，可对方态度却很冷淡，一副拒人于千里之外的样子。林华想了想，没有直接说出自己的来意，而是笑着对经理说：“经理，我觉得您的办公室布置真不错，既雅致又气派，我去过很多单位，像您这样有品位的人还真不多。如果我有一间这样的办公室，我这一生都满足了。”赞美的话一出，那位经理也不好意思沉默了，他微笑着说：“您过奖了。”林华很自然地用手摸了摸办公椅扶手，说：“这不是红木吗？这可是难得一见的啊！”“是吗？”经理的自豪感油然而生。说完，经理不无炫耀地带着林华参观了整个办公室，兴致勃勃地对他介绍起设计比例、装修材料、色彩调配等，而林华也是这方面的专家，两人找到了共同话题，交谈得不亦乐乎。林华给了那位经理关于装饰装修的很多中肯的意见，最后，经理根据林华的推荐，选择了几款办公室家具，并签了订购合同。

林华之所以能够成功“攻关”，原因就在于他向那位经理表达了自己真诚的赞美之情。他从经理办公室的布置入手，巧妙地赞扬了经理的品位，使经理的自尊心得到了极大的满足，从而产生了一种情感上的共鸣。如此一来，林华不必费心推销自己的商品，就能让经理主动接受他的推荐了。

有条不紊主持会议

公关交际中经常会遇到主持会议的情况，而会议主持者水平的高低将直接关系到会议的成败。失败的主持人就如同一个糊涂的舵手，人们不知道他会将航船引向何方，这样的会议或是人人金口难开沉闷乏味，或是唇枪舌剑吵作一团，总之，人们的感觉就是“我们在错误的时间、错误的地点和错误的人进行了一次错误的讨论”。因此，作为主持者必须明确开会的目的，把握会议的主题，事先做好充分的准备，成竹在胸。

会议的开场白很重要，既要把开会的目的讲明，又要点出重点，使与会者有思想准备，为领会会议精神打下基础。

对于会议的主体来说，因为一场会议的时间有限，为了保证在有限时间内获得满意的结果，作为会议的主持者有责任控制会议的节奏，要有张有弛，既使与会者充分交流意见，又要避免发生跑题的现象。例如，有的人喜欢说话，一发言就滔滔不绝，而且离题千里，这时主持人要寻找机会巧妙地让他停止。而有的人不愿发言，把意见藏在心里，这时主持人要鼓励他发表看法。总之，主持人要围绕主题，尽量让各个与会人员“知无不言，言之有度”。

在整个会议过程中，主持人要能够把握大局，利用适当的技巧，营造热烈的会场气氛。主持人在会议上要善于提问，积极引导，使会场呈现出一种生动活泼、毫不拘谨的局面，这样才有可能从不同角度、不同侧面发现问题、提出问题、分析问题、解决问题。如果把会议搞成一言堂，主持人唱独角戏，就失去了集思广益、各抒己见的本意，也不利于充分发扬民主。

主持人打开局面，引导会议进行的技巧和水平取决于自身的认识水平和良好的思维能力。主持人要能够洞察现场情势，抓住众人共同关心的话题，广开言路。可以身先士卒，带头发言，为他人做好铺垫；也可以语调亲切，言语诙谐，吸引与会者的注意力，使那些漠然者也能积极投入；还可以层层设问，启迪思考，借助“头脑风暴”倾听更多意见。

最后，当会议结束时，主持人要做总结性发言，把会议的主要成果概括出来，把需要明确的认识再确认一遍，把布置的任务再重申一次。好的会议总结可以起到画龙点睛的作用，强化与会者的记忆，统一认识，并再次调动大家的情绪，有效提高会议的质量，巩固业已取得的成果。如果本次会议还有未得到解决的问题，主持人可以在总结中为下一次讨论做铺垫，比如，“今天大家提出不少问题，其中‘为什么乱摊派之风屡禁不止’提得很及时、很深刻，只是限于时间，今天没有充分讨论。请大家会后广泛收集材料，深入思考，以便下次再议。”这样有利于发现和解决新问题，在工作中不断进步。

某大学组织了一次学术报告会，邀请一位著名学者给全校师生做报告。在学者做报告前，会议主持人李教授站起来做了个开场白：“今天，我们有幸邀请到享誉海内外的 ×× 博士给我们做国学方面的学术报告，请大家鼓掌欢迎。”场上响起了一片热烈的掌声。李教授又用真诚的语气继续介绍道：“×× 博士致力于弘扬民族文化，把我国古典文化精髓介绍给全世界、全人类，他的著作被翻译成 20 多种文字，他本人也多次参加各类国际文化交流会，并在大会上发言。今天，×× 博士于百忙之中到访我校，我希望大家都能认真听取 ×× 博士的报告，切不可错过这个千载难逢的学习机会。”

李教授的开场白对 ×× 博士的学术地位和所取得的成就做了多次强调，容易引起台下听众的重视，有助于调动会场气氛。

推销篇

“谈”平推销之路

在市场经济中，推销商品是企业走向市场的重要途径。推销的过程，实际上是推销人员运用各种推销技巧，说服顾客购买其商品或服务的过程。俗话说：“十分生意七分谈。”推销商品主要靠一个“谈”字。

开场寒暄巧入门

好的开场白是促成销售行为的第一步。在这个步骤中，推销员首先要把自己推销给顾客，只有顾客乐意与推销员接触，愿意听推销员介绍时，才会为推销员提供一个推销产品的机会。可是在实践中，一些推销员却不懂这个道理，见了顾客张口就说买不买，闭口就问要不要，结果十有八九会无功而返。在顾客还没有接受你之前，就谈论产品、推销产品，顾客本能的反应必然是推诿、拒绝，让你及早离开。所以，推销员在与顾客交谈之前，应当准备合适的开场白。这个开场白的好坏，几乎可以决定这次推销的成败。换言之，好的开场，就是推销员成功的一半。

那么,推销员应当采用怎样的开场白将自己推销给顾客呢?

巧打招呼

在顾客未开口之前,推销员就要以亲切的语调向顾客打招呼,如:“王经理,早上好！”这会给人留下有礼貌、待人亲切的印象。曾经有位推销员就坚持做到“每天要跟300人打招呼”，每100

个顾客中只要有 3 个成交，就算完成任务。尽管开始时会遭到不少白眼，但更能体会到努力说服别人之后的成就感。

自我介绍

在与顾客打招呼之后，推销员应该以诚挚的口吻说明公司名称和自己的姓名，如果同时能双手奉上自己的名片，效果会更理想。在与顾客交换名片时，推销员还应对顾客表达谢意，如可以这样说："这是我的名片，谢谢您能抽出时间让我见到您！"

消除双方之间的距离感

这一点对于推销能否成功非常重要。好的销售员总是善于营造一个好的气氛，以拉近彼此之间的距离，缓和顾客对陌生人来访的紧张情绪，他们会对顾客说："王经理，我是您部门的 ×× 介绍来的，听他说，你是一个很随和的领导。"这样的一句话会让对方的戒心消除不少，你在对方眼中也会变得亲切许多。

一个穿戴考究、衣冠楚楚的男人按响了一户人家的门铃，当主人把门打开时，这个人问道："请问您家里有高级的吸尘器吗？"男主人顿时怔住了，这突如其来的问题使他不知怎样回答才好。他转过脸来看看妻子，妻子有点窘迫地答道："我们家有一个吸尘器，不过不是特别高级的。"这个男人回答说："我这里有一个高级的。"说着，他从身后拿出一个包装精美的吸尘器。

这时，夫妻俩已经明白这个男人的身份，但不好意思催他离开，只好让他进屋展示吸尘器的性能特点和使用方法。由于他的产品质量确实不错，价钱也非常合理，夫妻俩最终决定购买一台吸尘器。

从这个例子中，我们可以看到好的开场白对于促成销售是何等重要。可以试想一下，假如这个推销员改变一下说话方式，一开口就说："我是 ×× 公司的推销员，我来是想问一下你们是否愿意购买一个新型吸尘器。"结果就可想而知了。但这名推销员用了一个奇怪的问题作为开场白，让顾客"措手不及"，然后他再"乘虚而入"，对顾客进行详细的介绍，终于获得了成功。

唤起顾客的兴趣

在推销过程中，顾客听第一句话要比听以后的话认真得多。听完第一句话，许多顾客就会自觉或不自觉地决定是尽快打发推销员走还是继续谈下去。因此，推销员要尽快抓住顾客的注意力，唤起顾客的兴趣，这样才能保证营销的顺利进行。而想要引起顾客的注意，方法多种多样，其中最有效的莫过于从顾客的实际利益出发进行营销。例如："我是来告诉您贵公司节省一半电费的方法的。""我们的机器比贵公司目前的机器速度快、耗电少、更精确，能降低你们的生产成本。""您愿意每年在毛巾生产上节约 5 万元吗？"这些说法都是值得借鉴的。

下面这几种方法对于唤起顾客的兴趣非常有效。

诱发顾客的好奇心

诱发好奇心的方法是在见面之初直接向可能的顾客说明情况或提出问题，故意讲一些能够激发他们好奇心的话，将他们的思想引到你能为他提供的好处上。例如，一个推销员不向顾客推销产品，而是让对方给他几分钟时间，他有个问题想要请教。如此一来便诱发了顾客的好奇心——他要向我请教什么问题呢？同时也满足了他的虚荣心——他向我请教！有些人好为人师，总喜欢指导、教育别人，或表现自己。针对这类顾客，推销员就可以有意找一些自己不懂的问题，或故意装作不懂地向顾客请教。一般顾客是不会拒绝虚心讨教的人的。

借第三人来唤起顾客的兴趣

对于不好对付的顾客，不妨告诉他，是第三人（顾客的亲友、同事）要你来找他的，这是一种迂回战术，因为每个人都有“不看僧面看佛面”的心理，所以，大多数人对亲友、熟人、同事介绍来的推销员都很客气。不过，打着别人的旗号来推介自己的方法虽然很管用，但要注意，一定要确有其人其事，绝不能自己杜撰，要不然，顾客一旦查对起来，就要露出马脚了，情况也就相当不妙了。

举出过去取得成功的推销案例

人们的购买行为常常受到其他人的影响，推销员若能把握顾客这种心理，好好地利用，一定会收到很好的效果。例如，你可以这样说：“经理，××公司使用了我们的产品后，成本节省了好多，公司的营业状况大有起色。”如果案例中的公司或个人在业界知名度较高，那么采用这种办法的效果就会更好，更能引起顾客的注意。

向顾客提供有价值的信息

推销员向顾客提供一些对顾客有帮助的信息，如市场行情、新技术、新产品知识等，会引起顾客的注意。这就要求推销员能站在顾客的立场上，为顾客着想，尽量多阅读报刊，掌握市场动态，充实自己的知识，把自己训练成为本行业的专家。例如，你可以对顾客说："我在 ×× 刊物上看到一项新的技术发明，觉得对贵厂很有用。"这样，你既为顾客提供了信息，又充分展示了对顾客利益的关注，非常容易获得顾客的尊敬与好感。

孙宇是一个优秀的保险业务员，而他说服顾客的经验就是"不给顾客说话的机会"。有事没事接着问"为什么"，这样他可以进一步去了解顾客，找出聊天的话题，也有机会对症下药。

某一次，孙宇碰到了一位特别难对付的顾客——马经理。孙宇刚刚表明来意，马经理就不客气地说："对不起，我对保险没兴趣。你不必再介绍了。"孙宇马上说道："没关系，我们不一定要谈保险。不知道马经理对什么有兴趣？钓鱼、股票……对了，桌子上的照片是你拍的么？"

这一连串的问题并没有让马经理掉入"圈套"，他装作没听到，执着地要打发走眼前这个人。马经理用更为冷淡的语气说："我不需要保险。"

孙宇没有退缩，又抛出了一个新的问题："或许吧，那么马经理您认为哪一种人才需要买保险呢？”接着，没等马经理回答，孙宇就自动帮他圆了个场：“我看来看去，还是您这种人最适合买保险！”

这句话让马经理很不服气，他不甘示弱地说：“我怎么就没看出我适合买保险？”

孙宇摆出一副相面大师的样子，说：“一看就知道您福气大，不会发生意外，我们最喜欢向这种人卖保险，也可以沾一点福气。”

这下子听得马经理心花怒放，他滔滔不绝地跟孙宇讲起了面相学、手相学的问题。原来，马经理在私下里对这些方面很有研究，孙宇正好提到了他最感兴趣的事。接下来，孙宇和马经理整整聊了半个小时，双方相谈甚欢，最后马经理买了一份大额保险。

孙宇采用了“打破砂锅问到底”的话术，不断向顾客提出问题，利用所提的问题来引起顾客的注意和兴趣。相学是马经理的爱好之一，孙宇这么一问，无疑将引导对方打开话匣子。不过，在运用这一技巧时应注意，推销员所提或最感兴趣的问题，应是对方最关心的问题，提问必须明确具体，不可模棱两可，否则，很难引起顾客的兴趣。

找准话题，拉近距离

找到顾客最感兴趣的话题，与顾客拉近距离展开交谈，是推销员成功的关键。否则，不管你多么善于倾听，多么会奉承顾客，如果话题选择不当，推销便难以顺利进行。因此，推销员在拜访顾客前，不妨有意识地搜集一些资料，尽可能地了解顾客的喜好，如顾客的嗜好、工作、家庭、健康等。另外，为了能与各种层次的顾客进行交谈，推销员在日常的生活中就要做一个有心人，注意收集衣、食、住、行等各方面的资讯，平时所见所闻最好能及时收集，并有系统地进行分类整理，并把这些资讯储存在大脑中，以满足不同的顾客需要。

不过，找话题也不是一件容易的事，不少推销员往往费了很大力气，结果却难以令人满意，倘若不小心涉及顾客的忌讳，提了他不爱听的话题，更有前功尽弃的危险。

那么，推销员在找话题与顾客聊天时应当注意哪些要点呢？

与推销无关的话题要谨慎说

与顾客交谈，话题要尽量围绕推销这个小主题，不要谈及政治、宗教等敏感性话题。尽量少说废话，千万不要为一时讨得顾客的欢心而夸夸其谈，离题万里，甚至将对话演变成与推销无任何关联的交谈，这对推销没有任何意义，而且很多主观性较强的问题，说多了很容易引起争论，而与顾客争论是销售的大忌。

容易引起对方警觉的话题不能说

推销员每天与许多顾客见面，经常会无意识地说出令顾客警觉的话题，比如："我这个月业绩不理想，你可一定要买一份产品，帮帮我完成任务。"推销员一旦开口说这些话，便会使顾客的心门关闭起来。因此，推销员应尽量回避这类话。

批评攻击他人的话题千万别提

不少推销员为了在顾客心中树立良好形象，就倾向于用带有攻击性的话语，攻击竞争对手，有的人甚至会把竞争对手说得一钱不值。殊不知，这些恶毒的话语已经引起了顾客的反感，因为你说的时候是站在自己的角度看问题，不见得每一个人都与你站在同一个角度，你表现得太过于主观，反而会适得其反。此外，你不停地贬低别人，会让顾客鄙夷你的为人，这样对你的销售也只能是有害无益。

卖弄专业学识的话题要少说

有些推销员为了让顾客信服自己，喜欢卖弄专业知识，大谈特谈行业术语，让顾客听了压力很大。推销员唾沫横飞地讲了半天，顾客一句也没弄明白，还可能对推销员产生反感，拒绝也是顺理成章的了。优秀的推销员能够做到体谅顾客，从顾客的角度出发，即使不得不用枯燥的语言介绍产品，也会把一些生僻的术语用简单的话语来进行转换，让人听后明明白白，这样才能有效达到沟通的目的，产品销售才会没有阻碍。

隐私问题能不说就不说

与顾客打交道，主要是要把握对方的需求，而不是一张口就大谈特谈隐私问题，这也是不少推销员常犯的一个错误。不停地打听顾客的婚姻状况、财务状况、收入水平等隐私问题就已经很不礼貌，而有些推销员却浑然不觉，还会拿出一副推心置腹的态度，把自己的种种隐私向顾客和盘托出，好像这样才算是真正拉近了距离。殊不知，顾客根本就不关心你的私生活，这样的话题根本无法让顾客对你的产品产生半分兴趣。

除了把握好与顾客商谈的话题外，推销员还要注意一点，那就是要给予顾客足够的尊重。不管顾客在谈什么，都要表现出深有同感的样子。比如，听到顾客谈他愉快的经历时，就要跟他一起高兴，若顾客说的是他的伤心事，也要为他感到悲伤。让顾客觉得你就是他的知音，因而对你产生好感，你的推销工作才能得以顺利进行。

小王和小白是同一家公司的销售员，与小王相比，小白业绩虽然不错，却很少能抓住大单，每次看到小王辉煌的战绩，小白心里总有些不是滋味。

一天，小王又达成了一笔数额不小的交易，公司为他开了一个小型的庆祝会。会上，借着几分酒意，小白提出要拜小王为师，向他学习征服顾客的秘诀。小王哈哈一笑，说道："拜师就太见外了，其实我也没有什么特别的诀窍，这样吧，明天我要和A公司的李总见面，你跟我一起去看看吧。"小白高兴地答应了。

第二天，小王带着小白来到A公司，见到了那位传说中"冷酷无情"的李总。令小白吃惊的是，仅仅几句寒暄之后，小王就和李总以钓鱼为话题热火朝天地谈论起来了。小白与小王共事已经两年了，却从来不知道他竟然是个钓鱼爱好者。只见小白说起渔具的选择来头头是道，让李总大为赞赏。后来，那天的订单很顺利地签下来了。

出门后，小白终于忍不住了，问道："我怎么不知道你对钓鱼如此感兴趣？"

小王郑重地说："这可不是开玩笑，上次我到李总家时，看到他家里摆放的渔具和奖杯，回来后便马上做准备，这可花了我一夜的工夫呢。”

小王的秘诀就在于他善于发现顾客最感兴趣的东西，经过精心准备之后，通过就这个问题与顾客展开讨论，用口才征服了顾客。

投其所好，曲线推销

也许你没有留意，投其所好在生活中不仅是人际关系的润滑剂，而且是打通销售之路的一条重要捷径，只要注意对症下药，引发对方的心理共鸣，就不会引起对方的抗拒，从而能够轻松地攻破对方的内心防线，达到自己的目的。

很多成功的推销员都有这样的经验，当直接推销怎么也无法引起顾客的兴趣时，就可以用一些对方喜爱的、关注的东西，引起对方的注意力及好奇心，使对方情不自禁地要弄个明白，这时对方就会对你产生强烈的兴趣，不由自主地跟你“黏”在一起，再进一步，就可能被你牵着鼻子走了。

所以，进行推销时，要仔细研究你的每一个顾客，找到对方的兴趣所在，寻找他最关心、最热衷的事物，谈论他最感兴趣的话题。否则，即使你再软磨硬泡，也终会一无所获。

下面我们就来看看“投其所好，曲线销售”的几个要点。

找到双方共同的关注点

在销售沟通的初步阶段，双方通过找到共同的关注点，可以创建一个良好的沟通平台，形成一种融洽的沟通氛围，迅速拉近彼此间的距离，初步建立互信关系，为进一步深入交流提供重要前提。这种共同的关注点往往来自两人共同的兴趣和利益等。

在寻找对方感兴趣的东西时，推销员要特别注意一点：要想使对方对某些事物感兴趣，你最好对这种事物同样感兴趣。因为整个沟通过程必须是互动的，否则就无法实现具体的目标。如果只有对方兴趣盎然，而你却表现得兴味索然，或者内心排斥却故意表现出喜欢的样子，那对方的谈话热情和积极性马上就会冷却，这就很难达到促成销售的目的。所以，推销员应该在平时多培养一些兴趣，多积累一些各方面的知识，至少应该培养一些比较符合大众口味的兴趣，这样等到与顾客沟通时，就不至于捉襟见肘，也不至于使对方感到与你的沟通寡淡无味了。

在情感层面达到共鸣

沟通的成功不是取决于信息的发送者是否表达清楚，而是取决于信息的接收者是否能理解和接受，以促成销售为目的的沟通更是如此。要让对方接受并认同你的观点，但达到这种接受和认同的方法一定不能是简单的说教，更不能将自己的观点强加给对方，而要晓之以理，动之以情。要做到这一点，就要求推销员必须善于换位思考，能站在对方的角度思考和分析问题，并将思考和分析的内容用对方的语言简明生动地表达出来。前者是“理”，后者则体现出“情”。

需要提醒的是，能否达到情感共鸣取决于“真诚”二字，这是影响销售成效的最根本因素，“真诚”才是推销获得成功的最本质要求。“诚”首先来自“真”，只有真心相待，不要“花花肠子”，不唱高调，不说官话套话，才能够真正与顾客形成思想的交锋和情感的共鸣，从而促成销售。

因人而异巧恭维

“恭维”是出于讨好的目的而去称赞、颂扬对方的行为。在销售活动中，巧妙恭维能够达到的效果更是难以估量的。它能够让推销员和顾客更好地拉近距离、增加好感、促进沟通。

恭维之所以能够造成这样的影响，是因为它迎合了顾客内心深处渴望被承认、被接受的需要，特别是被恭维的如果恰恰是对方引以为傲之处，恭维的效果更会成倍地增加。不过，做到这样恰到好处的恭维不是一件容易的事。

如果恭维的话说得没有技巧，就会适得其反，引起顾客的反感，而推销员也就只有“走为上策”了。因此，恭维别人，特别是恭维顾客时，应当注意以下几个方面。

恭维的话要因人而异

恭维要根据顾客的年龄、性别、职业、社会地位、人生阅历和性格特征等进行。比如，对年轻的顾客可以恭维他眼光独到，喜欢尝试新产品，对年老的顾客则可以恭维他富有经验，肯定不会买错东西受骗上当。只有话说得适当、得体，才能让对方听得心花怒放，同意接受你的推销。

恭维要善于迎合顾客的心理需要

想要恭维顾客，最好能够对该顾客有一定的认识，了解他那些不大为人所知却是他自以为得意的东西，如此有的放矢地恭维，比说上很多其他无谓的客气话有效得多。例如，赞美顾客的工作成绩、最心爱的宠物、费尽心血的设计等，就能使顾客在喜爱你之外更多了一份感激。

千万别说言不由衷的恭维话

恭维顾客首要的条件，是要有一份诚挚的心意及认真的态度。言辞会反映一个人的心理，因而轻率的说话态度很容易被顾客识破，使之产生不快的感觉。因此，说恭维的话时一定要小心，在恭维的同时，最好能够有意识地说出一些具体细节，让顾客感到你的真诚，而不会以为是过分的溢美之词。

恭维话莫说太多

恭维话说得太多太滥，听上去就成了浅薄的谄媚之词，这样除了会使对方对你的过分殷勤产生怀疑之外，更不利于销售活动的成功进行，顾客会时刻想着："这人对我这么殷勤，还不是为了让我掏钱吗？"带着这种心理，你说的每一句话他都听不进去。

小文是一名电器推销员，在一个寒冷的冬日，他来到一座村庄，走到一户看上去比较阔气的人家敲门。开门的是一个上了年纪的老妇，她一听说小文的来意是推销电器，就拉下脸准备关门。这时，小文听到院内传来了鸡叫声，便灵机一动说："大娘，真抱歉打扰了您，我也知道您对电器不感兴趣。不过，我这次来不光是卖电器，还想买些鸡蛋回去，不知道您有鸡蛋卖吗？"听到这句话，老妇便把门打开一点，探出头来将信将疑地望着小文。小文又继续说道："我们在城里吃的鸡蛋味道不好，同事们一听说我要来这里，都让我帮着买点土鸡蛋。"

看着他一脸诚恳的表情，老妇疑虑顿消，开门让他进来，带他到鸡舍参观。小文边走边看，恭维道："大娘，您真是一个能干的人，看您这小院，被您打理得又干净又漂亮，再看您养的鸡，也都是那么精神。"老妇被他夸得笑起来，还为他端上一杯热茶，让他坐下来歇一会儿，驱驱寒气。在闲聊的时候，老妇告诉小文她丈夫出去放牛了，小文趁势指着院子里的牛棚说："大娘，我敢打赌，大叔养牛赶不上您养鸡赚钱多。"

这句恭维话说到了老妇的心坎上，多少年来，她丈夫总不承认这个事实。于是她将小文视为知己，坚持要留他吃顿午饭。小文觉得时机成熟了，这才说道："大娘，您养的鸡虽好，但如果能用电器照射，产的蛋会更多。"老妇没有立刻拒绝，反而问小文用电器是否合算。小文马上为她算了一笔账，让她得到了满意的解答。两个星期后，小文在公司收到了老妇寄来的订单。

可以想象，假如小文一开口就推销电器，老妇肯定不会接受。而小文巧妙地用恭维话打开了老妇的心扉，博得了老妇的信任，然后以拉家常的方式，很自然地扯到了电器的问题，轻松地达到了目的。

欲擒故纵

对顾客而言，陈词滥调、毫无新意可言的推销术，只会让他们退避三舍。为此，推销员就得善于运用吸引顾客的方法，抓住顾客的心。“欲擒故纵”就是一种很有效的推销方法，由于人的天性似乎总是想要得到难以得到的东西，推销员只要对这一点善加利用，就能达到自己的目的。

例如，一位房地产业务员想卖出一套房子，但他不直接对顾客说这套房子的好处，而是带着顾客又看了另外一套房子。两套房子价位相差无几，但第二套房子明显地理位置不佳。顾客正在考虑中，业务员突然告诉顾客第一套房子因为位置好已经被人预订了。这时，顾客忍不住遗憾地想：“刚才我为什么要犹豫呢，那套房子确实不错啊，可惜被别人捷足先登了。”业务员注意到顾客失落的表情，就可以再找个适时的机会告诉顾客：“您真是幸运啊，预订房子的顾客因为资金不足，已经退订了。”如此一来，顾客便会兴高采烈地钻入业务员设下的“圈套”了。

从上面的事例可以看出，在推销过程中，推销员不一定总得循规蹈矩，按部就班地将某商品推销给顾客。推销员完全可以反其道而行，用欲擒故纵的手段，跟顾客打一场心理战。只要心理战术运用得当，交易自然能够顺利成交。

欲擒故纵的销售方法对于意志不坚，经常犹豫不决的人往往特别有效。对于这类顾客，当他们举棋不定时，你若勉强他们做出决定无异于在加重他的心理负担，因为他们时时刻刻都想脱离这种压迫感，所以他们在这种情况下所做的决定，对你来说也未必有利。若欲使对方尽快做出有利于自己的决定，就要避免增加正面的压迫，而将决定权交给对方，使他在轻松而和缓的心绪中，更迅速地做出有利于你的决定。

例如，一个顾客打算购买一套音响设备，但由于品种规格太多，加上经济能力限制，一时难下决断。对此情况，推销员千万不要急于说："我是绝对不会骗你的，不信你买下试试，你肯定不会后悔。"这样只会把事情搞砸。此时推销员就可以采用欲擒故纵法，用非常诚恳的语气对顾客说："我看得出你很想买一套音响，但不可否认这些东西的价格都很昂贵，必须经过慎重的考虑才可决定。你也不妨再到其他商店比较比较，这对你是很有利的，俗话说货比三家不吃亏，还是慎重些好。"顾客也许可能真的会去别处打听，但他心里已经留下了对你的好印象，觉得你是一个实在的人，与你做交易肯定不会吃亏。这样你与他达成交易的希望就很大了。

欲擒故纵法的另外一种形式是适当“自贬”。在通常情况下，推销员推销商品时总是喜欢夸奖自己的商品，维护自己的利益，尽力不让自己受到贬低和损伤，这种常规的方法有时会缺乏说服力，产生反作用，让顾客心生畏惧，退避三舍。很多优秀的推销员会在劝说顾客的过程中，故意“自贬”，说出一些听上去对自己不利的话，让顾客在意外之余，油然而生一种信任感，从而被推销员说服。

例如，一位顾客在一家商场里被一台功能先进的洗衣机吸引住了，推销员不仅不趁热打铁，反而给这位顾客泼了一瓢“冷水”：“这台洗衣机虽然功能很全，但是安装过程比较麻烦，而且因为是限量销售，厂家不会派出专人安装。”一边说还一边演示。这位顾客事先确实不知道这台洗衣机有这样的问题，但他为推销员的坦诚而感到惊奇，心想向这样诚实的人买东西绝不会受骗上当，于是痛快地买下了洗衣机。回家后按要求安装，虽然过程确实有些烦琐，但洗衣机非常好用。在这里，这位推销员就采用了自贬的方法，将购买产品会遇到的问题悉数透露给顾客，这样看上去似乎比较危险，但实际上不仅没有把顾客吓走，反而赢得了顾客的心。

不过应当注意的是，使用欲擒故纵的销售方法时，应当本着对顾客负责的态度，千万不要耍花招、弄虚作假。否则的话，顾客终将识破你的欺诈行为，从而对你丧失信任感，这也意味着你的推销将以失败告终。

一个推销员向一户人家推销一种压力锅，他向女主人演示了该压力锅的用法，并现场蒸了一锅米饭。女主人看到蒸饭的时间很短，而且蒸出的米饭又香又黏，觉得十分满意。不过，由于这种名牌压力锅比较昂贵，她不敢一个人做主，便把在一边看报纸的丈夫“硬逼”过来。被打断的丈夫显然很不耐烦，张口就说：“家里已经有电饭锅了，何必再花这么多钱买这个。”听他这么一说，女主人更犹豫了。

看到这种情景，推销员决定使用欲擒故纵的推销术。于是他洗净压力锅，包装起来，放回到样品盒里，对夫妇俩说：“非常抱歉。我只是来本小区做新产品展示的，所以我手头只有样品，是不出售的。打搅了。”说完就准备转身离开。这时妻子有些着急了，她不顾丈夫的劝阻，问道：“那我什么时候才能买到这种锅呢？”

推销员露出遗憾的表情，说：“这个我也不能肯定地答复您，您也看到了，我们的产品是全国知名的品牌，再加上新产品质量过硬、功能先进，所以每次发货都是供不应求呢。”

女主人更加动心了，说：“是啊，我确实很喜欢这款锅。你现在有现货吗？”

推销员真诚地说：“实在抱歉，我今天确实只带了样品，不过你可以向总公司要求订货。”推销员好像突然想起来似的，从公文包里拿出了一张订货单，对女主人说道：“为保险起见——您最好还是付定金买一套吧。”

事已至此，丈夫也不好再多说什么，女主人非常干脆地付了定金。

间接反驳，避免争论

每个推销员都会遇到这样的情况：顾客想要购买你的产品，但他不确定你提供的产品能否真正满足他的需求，或者他对产品的性价比不是非常满意，接下来他便会提出各种问题和异议。对此，有的缺乏耐心的推销员可能会与顾客争辩，有时还会提高音量、使用尖锐的言辞去攻击顾客。“你根本就不懂我们这个产品的好处！”“你对我们产品的了解有多少？别自以为是了！”“我看你根本买不起这个产品！”这类带有侮辱性的语言往往是致命的，对于销售的成功毫无帮助。

争辩并不能让你消除顾客的异议，而且不论谁是谁非，人们都是习惯性地站在顾客一边的，这样一来，你根本无法成功地达成交易。所以，推销员要记住这样一项原则：永远不要同顾客争辩。一旦你把自己置身于可能与顾客发生争论的处境，那么你的推销计划也就将宣告失败。

对于这一点，任何有过推销经验的推销员都不会持有异议。但是，要真正避免争论却相当困难。当一名怒气冲冲的顾客冲到你面前，为不是因为你的过错而导致的问题大发雷霆、抱怨不迭时，尽管理智告诉你需保持冷静，但你还是免不了要肝火上升，开始同顾客辩论不休、据理力争。这是很自然的行为，却是很不明智的行为。而一些优秀的推销员会以四两拨千斤的方式，巧妙地从侧面反击，间接反驳顾客的错误观点，并最终使顾客赞同自己的正确意见，让矛盾化为无形。

那么，当顾客有异议时，推销员应当怎样去处理才能避免争论呢？间接反驳的方法又该如何应用呢？

对顾客的异议要在第一时间做出回应

对于顾客的异议，采用拖延和搪塞的办法是不行的，这可能会引起顾客的怀疑，认为你在隐藏什么东西。但对价格的异议，在未向顾客展示产品特性及优势前需要拖延回答。另外，销售过程中对产品特性和技术指标方面的异议，销售人员更应语气肯定地予以专业的回答。

确定自己弄懂了顾客的异议

当顾客在陈述自己对产品的异议时，切忌打断顾客的话，更不能非要直接证明顾客是错的。应当记住，有些时候异议能够帮助你揭示顾客的真正需求，所以你应当仔细地去听顾客的异议，看他们是真正对产品有需求，还是在用借口、敷衍的方式应付，目的只是不想与你成交。有时，顾客提出的异议只是为掩盖其真正的目的。例如，他们希望降价，却提出关于产品品质、付款、送货方式等方面的异议，这都是需要你仔细分辨并给予有效答复的。如果你采用大声争辩的方式去处理，很可能会让很有希望达成的交易落空。

树立专家的形象

推销员如果能够树立起行业内专家的形象，那处理顾客有关产品方面异议时的可信度和权威性就大大增强了，这就要求推销员不仅需要懂得销售技巧，还要精通技术和产品知识。因为推销员可能要面对的顾客有很多都是专业人士，他们更喜欢问有关产品本身的问题，如性能参数、结构等。如果你一问三不知，交易的成功率就要大打折扣了。

巧用间接反驳法

当你真正弄懂了顾客的异议，你就可以用间接反驳法去说服他了。你可以以其人之道还治其人之身，将顾客的异议转变为说服顾客购买的理由，迅速地陈述购买产品可以带给顾客的好处，以引起顾客的注意。例如，顾客对产品价格过高提出异议，你就可以如此回应："这正是我认为您要购买的理由。"顾客的注意力马上就被拉了回来："这话是什么意思？""您只要多付出 10% 的价格，就可以提高 20% 的效率，这不正是您所需要的吗？"一句话就能使顾客自己去权衡利弊，发现购买产品对自己是非常有利的。

正面反驳顾客往往会让顾客恼羞成怒，就算你说得对，没有恶意，也会引起顾客的反感，而采用间接反驳的办法，就能在表达不同意见时，软化语气，让顾客愿意听从。

一位推销员到一位老顾客那里去推销发动机，他本以为凭借过去的业务关系，顾客会顺利地签下购买合同。可是，他很快发现自己高兴得似乎太早了，顾客一见到他就说："对不起，我们不能再多买你的发动机了。"

推销员心头一震，就问："为什么呢？以前我们合作得不是很愉快么？"

顾客说："你们的发动机太热，我不能将手放在上面。"

推销员知道如果此时跟他争辩，不会有任何好处。于是他对那位顾客说："你所说的我完全同意。如果发动机过热，我希望你就别买了。你当然不希望它的温度超出电工协会所定的标准，是不是？"

顾客没想到他会答应得这么痛快，诧异地点了点头。

推销员又说："电工协会规定，一台标准的发动机可以较室内温度高出华氏72度，是不是？"

顾客说："是的，可是你的发动机比这温度高。"

推销员还是没有和他争辩，只是问："工厂温度是多少？"

顾客想了想，说："大约华氏75度左右。"

推销员一拍手，说：“这就对了！工厂温度华氏75度，再加上华氏72度，一共是华氏147度。但这款发动机的温度并没有这么高，对不对？”

顾客若有所思地说：“没错。”

推销员接着说：“所以说我们的产品是没有问题的。如果觉得它太热，您别用手碰它不就行了？”

顾客想了想，觉得推销员说得很有道理，便接受了这个建议，同意再购买一批发动机。

面对顾客的不满，推销员没有据理力争，直接反驳他，而是通过一个又一个问题让顾客发现自己的错误，间接反驳了他的错误观点，最终让他同意再购买一批发动机。

图书在版编目（CIP）数据

说话的艺术：轻松应对生活中的社交难题 / 刘楠主编. —北京：中国法制出版社，2019.8

ISBN 978-7-5216-0055-1

Ⅰ. ①说… Ⅱ. ①刘… Ⅲ. ①语言艺术–通俗读物 Ⅳ. ① H019-49

中国版本图书馆 CIP 数据核字（2019）第 040091 号

策划编辑：李 佳（amberlee2014@126.com）

责任编辑：王 悦（wangyuefzs@163.com） 封面设计：汪要军

说话的艺术：轻松应对生活中的社交难题

SHUOHUA DE YISHU: QINGSONG YINGDUI SHENGHUO ZHONG DE SHEJIAO NANTI

主编 / 刘楠

经销 / 新华书店

印刷 / 三河市国英印务有限公司

开本 / 880 毫米 ×1230 毫米 32 开 印张 / 9 字数 / 177 千

版次 / 2019 年 8 月第 1 版 2019 年 8 月第 1 次印刷

中国法制出版社出版

书号 ISBN 978-7-5216-0055-1 定价：39.80 元

北京西单横二条 2 号 邮政编码 100031 传真：010-66031119

网址：http://www.zgfzs.com **编辑部电话：010-66034985**

市场营销部电话：010-66033393 **邮购部电话：010-66033288**

（如有印装质量问题，请与本社印务部联系调换。电话：010-66032926）